Como nasce e morre o fascismo

CB130727

© Autonomia Literária, 2019, para a presente edição.
© Haymarket Books

Coordenação editorial da Autonomia Literária
Cauê Seignemartin Ameni, Hugo Albuquerque & Manuela Beloni
Coordenação editorial da Editora Unisa
Caio Dias Garrido, Helena Duarte Marques & Yuri Guedes Lueska
Edição *Aldo Sauda & Yuri Lueska*
Tradução *Eli Moraes*
Preparação *Cauê S. Ameni*
Revisão *Paulo César Carvalho*
Revisão técnica *Guilherme Ziggy*
Capa *Fabrício Lima*
Diagramação *Manuela Beloni*

Dados Internacionais de Catalogação na Publicação (CIP)
(eDOC BRASIL, Belo Horizonte/MG)

Z61c

Zetkin, Clara.
Como nasce e morre o fascismo / Clara Zetkin; tradução Eli Moraes. – São Paulo (SP): Autonomia Literária, 2019.
128 p. : 14 x 21 cm

Título original: Fighting Fascism
ISBN 978-85-69536-46-8

1. Ciência política. 2. Fascismo. I. Moraes, Eli. II. Título.

CDD 320.533

Elaborado por Maurício Amormino Júnior – CRB6/2422

Autonomia Literária
Rua Conselheiro Ramalho, 945
São Paulo - SP, 01325-001
autonomialiteraria.com.br

Clara Zetkin

Como nasce e morre o fascismo

2025

Autonomia Literária & Editora Usina

Clara Zetkin (1857-1933) foi uma líder marxista alemã e amiga próxima de Rosa Luxemburgo. Militante feminista, impulsionou o primeiro Dia Internacional das Mulheres, em 1911. Na década seguinte buscou construir uma frente única de luta contra a ascensão nazista na Alemanha.

Sumário

Prefácio

Por Maria Lygia Quartim de Moraes[1]

Clara Zetkin foi uma das mais extraordinárias militantes socialistas da história da Alemanha e figura chave na luta pelos direitos das trabalhadoras, que eram discriminadas não somente pelos patrões, mas, muitas vezes, por seus próprios companheiros de classe. A discriminação era tão evidente e "naturalizada" que, em 1864, as mulheres não puderam participar da recém-criada Associação Internacional dos Trabalhadores, também conhecida Primeira Internacional, que reunia trabalhadores das mais variadas matizes políticas, incluindo marxistas, anarquistas, além de sindicalistas.

Se isso ocorreu numa associação que reunia os homens mais esclarecidos e avançados de sua época, como o próprio Marx, temos a dimensão das enormes dificuldades de reconhecimento da presença da mulher em igualdade com eles. Cumpre lembrar, ademais, que em alguns países as mulheres eram proibidas de participarem dos sindicatos e de fazerem parte de associações partidárias.

---

[1] Maria Lygia Quartim de Moraes (São Paulo, 18 de maio de 1943) é socióloga, militante feminista e professora da Universidade de Campinas. Doutora em Ciência Política pela Universidade de São Paulo, tem livre-docência pelo Instituto de Filosofia e Ciências Humanas da Unicamp com a tese "Vinte anos de Feminismo" (1997). Foi uma das fundadoras do grupo "Nós Mulheres" (1976-1978), pioneiro na imprensa alternativa da época ao se posicionar como jornal feminista.

A história da organização das mulheres operárias e socialistas é também a historia da incansável militância de Zetkin. Ela centrou seus esforços na educação política das mulheres operárias. Desde muito cedo participou da social-democracia alemã, então uma organização de esquerda, tendo chegado a ser eleita secretaria internacional. A partir de 1895 foi membro da comissão executiva do Partido Social-Democrata da Alemanha (SPD), militando na sua ala esquerda. Participou ativamente dos Sindicatos dos livreiros de Stuttgart e dos alfaiates e costureiras. Neste último, foi eleita secretaria internacional, em 1896, confrontando o fato das mulheres serem proibidas de participar de sindicatos.

Na Alemanha, somente em 1902 as mulheres adquiriram direitos políticos. A partir de então, as organizações de defesa dos direitos das trabalhadoras multiplicam-se e, em agosto de 1907, 58 delegadas de várias associações e sindicatos de trabalhadoras de 15 países participam do Primeiro Congresso Internacional de Mulheres Socialistas em Stuttgart. Decidem então criar um secretariado fixo nessa cidade, elegendo Zetkin como secretária-geral. O jornal *Igualdade*, que Zetkin fundara em 1892, passa a ser o órgão oficial do Comitê Internacional das Mulheres Socialistas e em 1914 já tinha 125 mil assinantes.

No jornal ela expunha suas ideias sobre a mulher, o homem e a educação das crianças. Em seus artigos, Zetkin enfatiza a importância da mudança de mentalidades, pois, a situação inferiorizada da mulher decorria de sua condição social e não de sua natureza biológica. Encontramos aqui os mesmos argumentos que posteriormente seriam desenvolvidos por Simone de Beauvoir no *Segundo Sexo* e, entre eles, o mito da maternidade como definidora do "ser mulher". Os muros da casa mais prendem do que protegem a mulher, diz Zetkin em um de seus artigos.

Em 1910, foi realizado a Segunda Conferência Internacional das Mulheres Socialistas, em conjunção com o Congresso Mundial Socialista, em Copenhagen. Nessa conferência aprovou-se a proposta feita por Zetkin, em parceria com sua grande amiga Rosa Luxemburgo, da criação do Dia Internacional da Mulher a ser comemorado todo ano no mês de março.

No entanto, a situação internacional deteriorava-se rapidamente, fruto das contradições entre os países capitalistas na sua disputa por colônias e novos mercados. Apesar de a social-democracia defender na teoria o internacionalismo operário, o partido na Alemanha vota favoravelmente aos gastos de guerra. O que significava na prática apoiar a declaração de guerra. Essa nova traição da social-democracia alemã leva vários de seus membros, como Karl Liebkecht, Fraz Mehring, Rosa Luxemburgo e Clara Zetkin, a romper com o partido.

Assim como sucedeu com Rosa Luxemburgo, a intransigente oposição de Zetkin ao militarismo e à guerra lhe valeram sucessivas perseguições e prisões. Portanto, quando escreve *Como nasce e morre o fascismo,* Zetkin já tinha sobrevivido ao ataque das milícias de direita que assassinaram Karl Liebknecht e Rosa Luxemburgo em 1919. Ao analisar esse novo fenômeno político que era o populismo antioperário com apoio das classes dominantes e parcelas da população italiana, que se auto intitulavam fascistas, Zetkin não poderia imaginar que justamente eles tomariam o poder na Itália em 1922 e que os nazistas venceriam as eleições na Alemanha em 1932.

A vitória da direita na Itália correspondeu a mais um capítulo da falência política da social-democracia, que se opôs ao movimento de tomada de fábricas, ponto culminante da revolta operária de 1920 e capitulou frente aos interesses patronais. A crise do capitalismo, o desemprego e o desamparo de grandes camadas da população deixaram as portas abertas para a manipulação política do fascismo, que se apoiou num nacionalismo rasteiro, colocando a pátria acima de tudo, lema hoje utilizado pelo atual presidente brasileiro, Jair Messias Bolsonaro. Em 1922, os fascistas promovem a Marcha sobre Roma e Benito Mussolini assume o poder, instaurando uma ditadura que só terminaria com a derrota italiana na Segunda Guerra Mundial.

Quem sabe se hoje, frente ao nacionalismo reacionário e tacanho que domina a política em várias partes do mundo, o texto de Clara Zetkin possa inspirar políticas para derrotar essa grande ameaça internacional que é o fascismo.

Outono de 2019.

Introdução

Por Mike Taber e John Riddell[2]

Raramente houve palavra mais propagada, e menos compreendida, do que *fascismo.*

Para muitos, o rótulo de fascista é simplesmente um insulto, dirigido contra indivíduos ou movimentos particularmente repulsivos e reacionários. Geralmente é também utilizado como uma descrição política de ditaduras militares de direita.

O termo ganhou novo significado durante as últimas eleições presidenciais ao redor do mundo e, sobretudo, após 2016 nos EUA, nas quais o vencedor Donald Trump foi repetidamente comparado a Benito Mussolini e outros líderes fascistas. "Comparações a fascistas não são novas na política norte-americana", afirmou um artigo do *New York Times*, dia 28 de maio de 2016. "Mas, com Trump, tais comparações foram além de setores marginais e chegaram ao debate público geral, tanto nos EUA, como no exterior".

Embora essas comparações sejam excessivas e imprecisas, todas as referências ao fascismo devem ser estudadas seriamente.

---

[2] Mike Tabler é editor e ativista de esquerda de longa data. Editou e preparou dezenas de livros sobre a história dos movimentos socialista e da classe trabalhadora, incluindo livros de Leon Trotsky, V. I. Lenin, Malcom X, James P. Cannon, Che Guevara e Maurice Bishop. John Riddell é ativista de esquerda e editor desde os anos 1960. Escreveu diversos livros documentando a história do movimento operário. Por muitos anos, Riddell também fez parte do movimento sindical, antiguerra, de solidariedade internacional e por justiça ambiental.

Os trabalhadores e os oprimidos têm todas as razões para temer o racismo endêmico, a abolição de direitos civis e trabalhistas, repressão brutal e os assassinatos em massa que caracterizam o fascismo.

Ainda que algum nível de semelhança possa existir entre a maioria dos movimentos e regimes de direita, o fascismo em si é um fenômeno muito específico, com características únicas. Entender seus traços e dinâmicas não é apenas um exercício acadêmico. É algo essencial para combatê-lo.

Este curto livro, constituído por um relatório e uma resolução preparados por Clara Zetkin para uma reunião da direção da Internacional Comunista de 1923, apresentam uma análise abrangente de algo que era ainda completamente novo no cenário mundial.

Muitos leitores se impressionarão pela clareza e capacidade premonitória de Zetkin, exposta em um tempo em que o surgimento do fascismo era um mistério para a maioria dos observadores. Revendo-a quase um século depois, pode-se identificar sua capacidade de delimitar, logo de início, uma posição marxista sólida sobre a natureza do fascismo e como combatê-lo.

O surgimento do fascismo

As origens do fascismo podem ser encontradas na Itália no período pós-Primeira Guerra Mundial. Organizado por Benito Mussolini durante um período de crise social em 1919, o *Fasci Italiani di Combattimento* surgiu como reação ao ascendente movimento do proletariado, isto é, da classe social que depende da venda de sua força de trabalho para obter meios de subsistência.

Naquela época, os trabalhadores italianos, inspirados pela vitória da Revolução Russa e golpeados pela crise capitalista do pós-guerra em seu país avançavam em sua luta militante. Todas as camadas da sociedade italiana eram atravessadas por uma forte expectativa de que o Partido Socialista Italiano – então membro da Internacional Socialista – estava prestes a chegar ao poder.

O levante proletário alcançou seu ápice em setembro de 1920. Durante aquele mês, mais de meio milhão de trabalhadores, liderados por metalúrgicos, ocuparam fábricas em toda Itália. Os operários começaram a organizar a produção sob a liderança dos conselhos de fábrica, e em vários lugares formaram guardas vermelhas para defender as ocupações. As greves espalharam-se para as ferrovias e outros locais de trabalho; muitos camponeses pobres e proletários rurais levaram à frente ocupações de terras. Apelos bem sucedidos eram dirigidos aos soldados, como companheiros proletários de uniforme, para que se recusassem a atacar as fábricas. Frente a essa onda aparentemente irresistível, a classe capitalista e seu governo ficaram paralisados, indecisos e amedrontados. Abria-se uma situação revolucionária, com a possibilidade da conquista do poder político na ordem do dia.

Mas o Partido Socialista Italiano e a principal federação sindical sob sua influência se recusaram a ver esse movimento revolucionário com um mês de duração como qualquer coisa além de uma simples luta sindical. Sob tal perspectiva, os líderes sindicais orientaram, eventualmente, aos trabalhadores a deixarem as fábricas em troca de um conjunto de promessas tão sedutoras quanto vazias feitas pelos patrões capitalistas – que, àquele momento, estavam dispostos a concordar com qualquer coisa, desde que pudessem recuperar suas fábricas.

A derrota do movimento de ocupação de fábricas levou a uma desmoralização generalizada no interior da classe trabalhadora. Os *Fasci* intensificaram seu recrutamento e levaram à frente uma onda cada vez mais forte de ataques contra o movimento dos trabalhadores, recebendo um crescente apoio financeiro de grandes capitalistas e proteção da polícia e de outros setores do Estado italiano. Em 1921 e 1922, milhares de trabalhadores e camponeses foram assassinados em "expedições punitivas" fascistas. Centenas de clubes operários e sedes sindicais foram destruídas.

Assumindo rapidamente o caráter de movimento de massas, os fascistas conseguiram conquistar o governo no final de outubro de 1922, com Mussolini virando primeiro-ministro. Uma vez no poder, o fascismo logo agiu para destruir completamente os sindicatos assim como todas as demais organizações independentes dos trabalhadores.

Movimentos semelhantes emergiram em outros países europeus, encorajados pela vitória dos fascistas italianos. O mais forte teve sede na Alemanha. Formações fascistóides também surgiram na Polônia, Tchecoslováquia, Áustria e outros países.

Reconhecendo um novo fenômeno

Como acontece com a maioria dos novos fenômenos sociais, ainda não estava visível aquilo que se desenvolvia. Inicialmente, muitos ligavam o fascismo a outras formas de violência e terror contrarrevolucionários.

Nos anos do primeiro pós-guerra, este terror era, de fato, generalizado. Na Hungria, uma revolução derrotada, que conquistou o poder por um breve período em 1919, foi seguida de 5 mil execuções e 75 mil prisões. Na Finlândia, onde ocorreu uma guerra civil, o saldo foi de 10 mil fuzilados e 100 mil enviados a campos de concentração. Exemplos do que ficou conhecido como "terror branco" foram vistos em outros países.

Enquanto o uso da violência contrarrevolucionária pelos fascistas italianos era certamente análogo, o fenômeno do fascismo trazia algo a mais. Entender sua natureza foi tarefa que recaiu à Internacional Comunista.

Fundada em 1919 sob o impacto da Revolução Russa, a Internacional Comunista (Comintern) era algo inteiramente novo: um movimento dedicado a discussão sobre como a classe trabalhadora poderia derrubar o regime capitalista e organizá-la para isto. Sob a direção de Lenin, os congressos e reuniões da Comintern eram escolas de política revolucionária.

A Comintern teve a sua primeira discussão organizada sobre o fascismo em seu IV Congresso, em novembro de 1922. Porém ela não foi particularmente frutífera. Um informe apresentado pelo comunista italiano Amadeo Bordiga, ao mesmo tempo em que descrevia importantes aspectos do movimento de Mussolini na Itália, não era tão bem-sucedido no que diz respeito a revelar a natureza do fascismo, enfatizando antes as similitudes entre o fascismo e a democracia burguesa, prevendo ainda que o fascismo italiano não duraria muito tempo. Nem o relatório de Bordiga nem a discussão que se seguiu deu muita atenção à luta contra o fascismo[3].

Percebendo que ainda não havia chegado ao centro da questão, os líderes da Comintern retornaram ao tema em junho de 1923. A ocasião escolhida foi o III Pleno Ampliado do Comitê Executivo da Internacional Comunista. A protagonista desse esforço foi Clara Zetkin, que apresentou o informe da reunião e elaborou a resolução adotada.

[3] O informe de Bordiga pode ser encontrado em RIDDEL, ed, *Toward the United Front: Proceedings of the Fourth Congress of the Communist International, 1922* (Historical Materialism Book Series, Chicago: Haymarket Books, 2012), 402-23.

As características do fascismo

Aos 66 anos, em 1923, Clara Zetkin estava entre as mais importantes combatentes veteranas da Comintern. Tratava-se de uma figura única no movimento revolucionário internacional.

Colaboradora de Rosa Luxemburgo, Clara Zetkin pertencia à ala esquerda do SPD. Em 1914, quando o partido traiu seus princípios socialistas ao apoiar abertamente os esforços de guerra do governo alemão durante a Primeira Guerra Mundial, rompeu com a declaração do partido de "paz civil" com o capitalismo alemão enquanto durasse o conflito, e passou para a oposição ativa. Por seu papel na Liga Espartaquista, organização revolucionária clandestina, foi presa diversas vezes pelas atividades contra a guerra. Em 1918, a Liga Espartaquista participou da fundação do Partido Comunista da Alemanha (KPD), do qual passou a ser uma das dirigentes.

Após os assassinatos de Rosa Luxemburgo, Karl Liebknecht e outros no início de 1919, Clara Zetkin passa a cumprir um papel central à frente do Partido Comunista, assim como da Internacional Comunista como um todo.

Mesmo que sendo mais conhecida pelas décadas em que foi a principal figura nos movimentos de mulheres socialistas e comunistas, Zetkin foi muito além do feminismo. Ela era uma liderança política de múltiplas qualidades, capaz de análises políticas profundas e conclusões práticas, como mostra seu informe de 1923 sobre o fascismo:

1 – O surgimento do fascismo está intrinsecamente atado à crise do capitalismo e ao declínio de suas instituições. Esta crise é caracterizada por uma escalada de ataques à classe trabalhadora, enquanto as camadas sociais intermediárias são espremidas e rebaixadas ao proletariado:

"As raízes do fascismo estão, de fato, na dissolução da economia capitalista e do Estado burguês... A guerra destruiu a economia capitalista a partir de suas bases. Isso é evidente não apenas pelo empobrecimento assustador do proletariado, como também pela proletarização de amplas massas pequeno e médio burguesas".

2 – A ascensão do fascismo é baseada na incapacidade do proletariado resolver a crise social capitalista pela tomada do poder para reorganização da sociedade. Esta incapacidade da liderança da classe trabalhadora gera desmoralização entre os trabalhadores e das forças sociais que vislumbravam o proletariado e o socialismo como uma solução para a crise.

Essas forças sociais, explica, acreditavam que "o socialismo pudesse acarretar uma transformação completa. Essas expectativas foram dolorosamente destroçadas... Perderam sua fé não apenas nos líderes reformistas, como no próprio socialismo".

3 – O fascismo possui um caráter de massas, com apelo especial às camadas pequeno-burguesas ameaçadas pelo declínio da ordem capitalista.

O declínio capitalista resulta na "proletarização de amplas massas pequeno e médio burguesas, na situação de calamidade entre os pequenos camponeses e na aflição melancólica da '*intelligentsia*'. (...) O que pesa acima de tudo sobre eles é a falta de segurança para sua subsistência básica".

4 – Para conquistar o apoio dessas camadas, o fascismo faz uso de demagogia anticapitalista:

"As massas aos milhares se juntaram ao fascismo. Ele se transformou em um asilo para todos os desabrigados políticos, os so-

cialmente desenraizados, os destituídos e desiludidos... A pequena-burguesia e as forças sociais intermediárias inicialmente vacilam entre os poderosos campos históricos do proletariado e da burguesia. São levadas a simpatizar com o proletariado por conta das dificuldades em suas vidas e, em parte, pelos desejos nobres e ideais elevados em seus espíritos, na medida em que este aja de forma revolucionária e apresente perspectivas de vitória. Sob a pressão das massas e de suas necessidades, e influenciados por essa situação, até mesmo os líderes fascistas são forçados a, minimamente, flertar com o proletariado revolucionário, ainda que não possuam por ele qualquer simpatia".

5 – A ideologia fascista eleva a nação e o Estado acima de todos os interesses e contradições de classes:

"O que as massas não esperavam mais da classe proletária revolucionária e do socialismo, agora esperam que seja atingido pelos elementos mais capazes, fortes, determinados e impetuosos de todas as classes sociais. Todas essas forças deveriam unir-se em uma comunidade. E essa comunidade, para os fascistas, é a nação... O instrumento para atingir os ideais fascistas é, para eles, o Estado. Um Estado forte e autoritário que será sua própria criação e ferramenta obediente. Este Estado estará suspenso acima de todas as diferenças de classe e partido".

6 – A ideologia do nacionalismo chauvinista é utilizada pelos líderes fascistas como cobertura para incitar o militarismo e a guerra imperialista:

"As forças armadas da Itália fascista eram apenas para defender a pátria. Esta era a promessa. Mas o aumento do exército e a aquisição de armamentos estão dirigidos a grandes aventuras imperialistas... Centenas de milhões de liras foram aprovadas para

a indústria pesada construir as mais modernas máquinas e impiedosos instrumentos de morte".

7 – Uma característica fundamental do fascismo é o uso da violência organizada levada à frente por tropas de choque contrárias à classe trabalhadora, com o fim de esmagar toda atividade proletária independente.

Na Itália, as forças de Mussolini ocuparam-se do "terror direto, sanguinário", indica Zetkin. Partindo de áreas do interior, os fascistas "atacaram os trabalhadores rurais, de quem as organizações foram devastadas e incineradas, enquanto seus líderes eram assassinados". Mais tarde "o terror fascista estendeu-se ao proletariado das grandes cidades".

8 – A ideologia do racismo e o bode expiatório racista é central na mensagem do fascismo. Mesmo que esse aspecto ainda não estivesse inteiramente nítido em 1923, Zetkin lembra como na Alemanha "o programa fascista é esgotado pela frase: 'porrada nos judeus'".

9 – A certa altura, setores importantes da classe capitalista passaram a apoiar e financiar o movimento fascista, encarando isso como uma maneira de conter a ameaça da revolução proletária. "A burguesia não pode mais confiar nos meios de força regulares de seu Estado para garantir sua dominação de classe. Para tal, ela precisa de um instrumento de força extralegal e paramilitar. Isto lhe foi oferecido pelo aglomerado heterogêneo que constitui a turba fascista". Os capitalistas "patrocinam abertamente o terrorismo fascista, apoiando-o com dinheiro e de outras maneiras".

10 – Uma vez no poder o fascismo tende a se burocratizar e distanciar dos apelos demagógicos de antes, levando a um ressurgimento das contradições e conflitos de classes:

"Existe uma contradição flagrante entre o que o fascismo prometeu e aquilo que entregou às massas. Toda conversa sobre como o Estado fascista colocará o interesse da nação acima de tudo, uma vez exposta aos ventos da realidade, estoura como uma bolha de sabão. A 'nação' revelou ser a burguesia; o ideal fascista de Estado revelou-se como o vulgar e inescrupuloso Estado burguês... As contradições de classe são mais poderosas do que todas as ideologias que negam a sua existência".

Análise alternativa

A análise de Zetkin era radicalmente diferente de outras que foram apresentadas no interior do movimento socialista e dos trabalhadores.

Debruçou-se sobre a visão da social-democracia reformista. "Para eles, o fascismo não passa de terror e violência", afirmou.

"Os reformistas vêem o fascismo como uma expressão da inabalável e todo poderosa dominação de classe burguesa. O proletariado não está à altura da tarefa de enfrentá-lo – estaria presumidamente condenado à derrota. Assim, nada resta ao proletariado além de retirar-se de cena de forma quieta e modesta, e não incitar os tigres e leões da dominação de classe burguesa a uma luta por sua liberação e autogoverno".

Sua análise sobre o fascismo também contrasta profundamente com aquelas apresentadas posteriormente pelos Partidos Comunistas liderados por Stalin nos anos e décadas seguintes.

Houve duas principais abordagens stalinistas, ambas são contrapostas à perspectiva da autora:

1 – ***Social-fascismo***. Adotado durante o "Terceiro Período" ultraesquerdista da Comintern, entre a metade final dos anos 1920 e início dos anos 1930, sua perspectiva era igualar a social-democracia ao fascismo, justificando assim a recusa do Partido Comunista da Alemanha em buscar uma frente única com o poderoso Partido Social-Democrata para a luta contra os nazistas.

Caso esta frente única fosse organizada, ela teria o apoio da esmagadora maioria dos trabalhadores na Alemanha e quase certamente teria a força necessária para conter os nazistas. A insistente recusa em fazê-la pelas lideranças de ambos, KPD e SPD, pode ser apontada como responsáveis por abrir as portas para que Hitler ascendesse ao poder.

2 – ***Frente populismo***. Tal visão foi apresentada de forma completa pela primeira vez em um informe de Georgi Dimitrov ao VII Congresso da Comintern – então totalmente stalinizada, em 1935. O fascismo, disse Dimitrov, era "a ditadura terrorista aberta dos elementos mais reacionários, chauvinistas e imperialistas do capital financeiro". Ele "age no interesse do imperialismo extremo", que ele caracterizou como "os círculos mais reacionários da burguesia"[4].

Baseado nessa análise, a tarefa central era formar blocos – "frentes populares" – com os elementos supostamente menos reacionários, chauvinistas e imperialistas da burguesia – sua "ala

[4] O informe de Dimitrov pode ser encontrado em *VII Congress of the Communist International: Abridged Stenographic Report of Proceedings* (Moscow: Foreign Languages Publishing House, 1939), 126-29. Pode também ser acessado no Arquivo Marxista na Internet.

antifascista" – e subordinar a luta e ação política independente da classe trabalhadora a esse objetivo. Na prática, tal abordagem significou que os partidos stalinistas opunham-se à ação revolucionária proletária em geral, vendo-a como um obstáculo à frente popular que desejavam. Perspectiva que também se tornou a justificativa para apoiar dissimuladamente políticos capitalistas "antifascistas", como Franklin D. Roosevelt, nos EUA, sob o pretexto de que seu opositor republicano representaria "a maior ameaça fascista"[5].

Leon Trotsky liderou a recusa a essas posições stalinistas, defendendo os principais pontos levantados pela líder comunista em 1923. Escritos no formato de polêmica, os textos de Trotsky durante os anos 1930 sobre a ascensão do fascismo na Alemanha e as lições da vitória nazista apresentam algumas das análises mais claras da perspectiva marxista sobre o fascismo e do que é necessário para esmagá-lo[6].

Como combater o fascismo

Forças liberais pró-capitalistas frequentemente sugerem que, se as figuras fascistas forem simplesmente ignoradas, elas desaparecerão. Mas essa não era a opinião de Clara Zetkin. Para ela, mobilizar todas as suas forças em oposição ao fascismo era uma questão de vida ou morte para a classe trabalhadora e seus aliados.

Ao debater a luta da classe trabalhadora contra o fascismo, Clara Zetkin enfatizou vários pontos:

---

[5] *The Communist*, nº 6, Junho de 1936, 489.

[6] Os principais escritos de Trotsky sobre a ascensão do nazismo na Alemanha pode ser encontrados em *Como Esmagar o Fascismo* (São Paulo: Autonomia Literária, 2018).

1 – A autodefesa dos trabalhadores é central para enfrentar a campanha de terror fascista. Isso incluía, sobretudo, guardas de defesa operária para combater os ataques fascistas:

"No presente, o proletariado tem a necessidade urgente de autodefesa contra o fascismo e essa auto-proteção contra o terror fascista não pode ser negligenciada por nenhum segundo. O que está em jogo é a segurança pessoal e a própria existência dos proletários, assim como a sobrevivência de suas organizações. A autodefesa do proletariado é a necessidade do momento. Não devemos combater o fascismo como fizeram os reformistas na Itália, que suplicavam a eles 'deixem-nos em paz, que lhes deixaremos em paz'. Pelo contrário! Enfrentar violência com violência. Mas não a violência na forma do terror individual – que certamente irá fracassar. Ao invés disto a violência enquanto o poder do trabalhador organizado na luta da classes".

2 – A frente única envolvendo todas as organizações e correntes da classe trabalhadora para combater o fascismo é essencial, independente de suas diferenças políticas:

"A luta e a autodefesa proletária contra o fascismo necessitam de uma frente única proletária. O fascismo não questiona se o operário na fábrica tem a alma pintada das cores azul e branco da Baviera; ou se é inspirado pelas cores vermelho, preto e dourado da república burguesa; ou pelo estandarte vermelho com a foice e o martelo. Ele não questiona se o trabalhador quer restaurar a dinastia Wittelsbach da Baviera, se é um fã entusiasmado de Frederich Ebert, ou se preferiria ver nosso amigo Brandler como presidente da República Soviética da Alemanha. Tudo o que importa ao fascismo é que ele se defronte com um proletário com consciência de classe e, então, eles o atacam até que esteja no chão. Esse é o

motivo pelo qual os trabalhadores devem se unir para a luta sem distinções de filiação partidária ou sindical".

3 – Além de combater fisicamente o fascismo quando necessário para se defender, a classe trabalhadora deve combater o apelo de massas do fascismo politicamente, fazendo esforços especiais entre as classes médias:

"O Partido Comunista Italiano certamente também cometeu um erro político ao encarar o fascismo somente como um fenômeno militar e ignorar seu lado político e ideológico. Não esquecemos que antes de abater o proletariado em atos de terror, o fascismo na Itália já tinha conquistado uma vitória política e ideológica sobre o movimento dos trabalhadores que deu base a seu triunfo. Seria extremamente perigoso desconsiderar a importância de derrotar o fascismo politicamente e ideologicamente".

4 – Combater o fascismo nesses termos significa, sobretudo, demonstrar a determinação da liderança do proletariado em lutar para tomar o poder das mãos da burguesia para resolver a crise social capitalista, ao mesmo tempo em que põe em movimento um programa voltado para a consolidação das alianças necessárias para tal. Clara Zetkin acreditava que a perspectiva de uma luta revolucionária pelo poder governamental, baseada em uma aliança das classes sociais exploradas e oprimidas, era essencial para a vitória sobre o fascismo. Por isto, em seu informe ela enfatizou a demanda de governo que expressasse essa perspectiva – por um Governo Operário e Camponês – "que é essencialmente um pré-requisito da luta para derrotar o fascismo".

A ameaça do fascismo hoje

O esforço para entender o fascismo hoje não é uma questão meramente histórica.

Na medida em que o século 21 se desdobra, o capitalismo entrou em um período de crise social, marcada por uma escalada de ataques aos direitos e condições de vida da população trabalhadora e oprimida, ao lado do recrudescimento da polarização social. Em novembro de 2016 a eleição do capitalista bilionário Donald Trump para a presidência dos EUA, após uma campanha de direita desavergonhada e de apelos abertamente racistas, foi ao mesmo tempo um reflexo e um aprofundamento dessa crise.

Como Zetkin previu há quase um século, são precisamente situações como essas que a certo estágio podem fazer emergir movimentos fascistas.

Estes movimentos reconhecem a crise social, mas tentam retirar a responsabilidade do sistema capitalista, procurando antes bodes expiatórios: imigrantes, negros, judeus, mulheres auto-confiantes e independentes, LGBT's, ciganos e outros. Teorias da conspiração sobre estrangeiros são inventadas, preparadas para desviar a atenção de que o sistema social e econômico é o culpado pela crise.

Para conquistar apoio, os movimentos fascistas jogam com o ressentimento. Apelam a sentimentos racistas, chauvinistas e misóginos que permeiam profundamente a chamada cultura popular sob o capitalismo.

O apelo reacionário dos fascistas para dividir a população trabalhadora terá de ser combatido defendendo a necessidade de uma luta comum dos oprimidos e explorados, independente de sua nacionalidade, origem étnica ou gênero, para dispensar a dominação de capitalistas e proprietários e passar à construção de uma sociedade mais justa e humana. Mas esta batalha não terá como palco somente a esfera das ideias.

Na medida em que a crise social se aprofunda e uma resposta entre os trabalhadores começa a se formar, números crescentes de capitalistas e de seus representantes passarão a utilizar-se de meios legais e extralegais para defender seu domínio de classe.

Quando esses ataques crescem em escala, precisarão ser respondidos pela luta da população trabalhadora para defender seus sindicatos; por aqueles que lutam contra o racismo, a brutalidade da polícia e as mortes pelas mãos das milícias; pelos que apoiam os direitos das mulheres, lutando para defender o direito ao aborto; pelos defensores das liberdades civis, lutando contra ataques aos direitos democráticos; por aqueles que se opõem à destruição exploratória do meio ambiente; por aqueles que lutam contra as deportações e violência contra imigrantes – em resumo, por todos os que lutam em defesa dos interesses dos oprimidos e explorados.

Serão estes ativistas e lutadores os mais interessados em estudar a natureza do fascismo e a história de seu combate.

Muitos perceberão a perspectiva marxista, pioneiramente delineada por Zetkin e, posteriormente, ampliada por Leon Trotsky, Antonio Gramsci e outros, como uma arma essencial na luta contra a ameaça fascista.

Nesse contexto, um número crescente de trabalhadores e jovens serão atraídos para a luta por um futuro socialista.

Essa era a firme convicção de Clara Zetkin.

Ao discutir o apelo que o fascismo possuía frente à juventude, ela afirmou que "os melhores deles estão buscando uma escapatória para a profunda angústia em seus espíritos. Estão ansiando por ideais novos e inabaláveis e por uma visão de mundo que lhes permitam compreender a natureza, a sociedade e sua própria vida; uma visão de mundo que não seja uma fórmula estéril, mas que funcione de maneira criativa e construtiva. Não esqueçamos que as violentas gangues fascistas não são inteiramente compostas por arruaceiros, mercenários por opção, e lumpens venais que se deliciam com atos de terror. Também encontramos entre eles as mais enérgicas forças dessas camadas sociais, aquelas mais capazes de se desenvolverem. Precisamos nos dirigir a eles com convicção e compreensão de sua condição e de seus ardentes desejos, trabalhar entre eles, e apresentar-lhes uma solução que não retrocede, mas avança em direção ao comunismo. A superioridade do comunismo como visão de mundo ganhará sua simpatia em nossa direção".

O fascismo é, por fim, um produto da dominação capitalista, sustentava Zetkin. A ameaça fascista só acabará de uma vez por todas quando a classe trabalhadora tomar o poder das mãos das famílias capitalistas bilionárias e passar à construção de um novo mundo.

Fortemente convencida desse fato, sua inabalável confiança no potencial da classe trabalhadora pode ser testemunhada na conclusão de seu informe de 1923:

"Cada proletário deve sentir-se mais do que um simples escravo assalariado, um joguete ao sabor dos ventos e tempestades do capitalismo e dos poderes estabelecidos. Os proletários devem se sentir e se compreender como membros de uma classe revolucionária, que reconstituirá o velho Estado dos proprietários em um novo Estado sob o sistema soviético. Apenas quando incitarmos a consciência de classe revolucionária em cada trabalhador e acender a chama da determinação de classe é que poderemos obter sucesso em preparar e realizar a necessária derrubada militar do fascismo. Mesmo que a ofensiva do capitalismo global contra o proletariado mundial seja brutal por um período, mesmo que tenha ira, o proletariado irá construir um caminho até sua vitória".

Sobre esta edição

Os dois principais documentos deste livro foram apresentados no III Pleno Ampliado do Comitê Executivo da Internacional Comunista, em junho de 1923. Os registros completos desse Pleno – incluindo a discussão em torno do informe de Clara Zetkin sobre o fascismo – podem ser encontrados em *The Communist Movement at a Crossroads: Plenums of the Communist International's Executive Comitee, 1922-1923*, editado por Mike Taber, publicado sob o selo *Historical Materialism Book Series* pela Brill e pela Haymarket Books. Este volume é parte de uma série que inclui os registros dos primeiros quatro congressos da Comintern – que aconteceram quando Lenin ainda estava vivo – assim como vários outros volumes de material complementar[7].

O informe e a resolução de Zetkin para o III Pleno, presentes neste livro, foram extraídos por John Riddell a partir de *Protokoll der Konferenz der Erweiterten Exekutive der Kommunistischen Internationale: Moskau, 12.-23. Juni 1923* (Hamburg: Verlag Carl Hoym Nachf., 1923).

[7] Os quatro volumes publicados e editados por John Riddel, contendo os registros dos congressos da Comintern são: *Founding the Communist International: Proceedings and Documents of the First Congress, March 1919* (New York: Pathfinder Press, 1978); *Workers of the World and Oppressed Peoples, Unite! Proceedings of the Second Congress, 1920* (New York: Pathfinder Press, 1991); *To the Masses: Proceedings of the Third Congress of the Communist International, 1921* (Historical Materialism Book Series, Chicago: Haymarket Books, 2016); e *Toward the United Front*. Os três volumes suplementares são: *Lenin's Struggle for a Revolutionary International 1907-1916* (New York: Pathfinder Press, 1984); *The German Revolution and the Debate on Soviet Power* (New York: Pathfinder Press, 1986); e *To See the Dawn: Baku, 1920 – First Congress of the Peoples of the East* (New York: Pathfinder Press, 1993).

Foram incluídos também dois apêndices:

1. O informe e a resolução formulados por Clara Zetkin para a conferência internacional contra a guerra e o fascismo, que teve lugar em Frankurt, Alemanha, entre os dias 17 e 20 de março de 1923. Nos dois documentos apresentados à conferência, ela formula algumas das ideias às quais retornaria três meses mais tarde, na reunião do Comitê Executivo da Comintern. O documento é introduzido por Demian Melo.

2. A descrição de John Riddell sobre o apelo contínuo de Zetkin por uma frente única contra o nazismo. Ela permaneceu fiel à perspectiva da frente única antifascista que delineou em 1923 mesmo após o Partido Comunista voltar-se contra a tática. A sua posição foi mais bem sintetizada em seu discurso no parlamento alemão de 30 de agosto de 1932, com Hitler e os nazistas prestes a tomar o poder. Recusando-se ficar em silêncio frente uma audiência hostil, aos 74 anos de idade, Clara Zetkin conclamou por uma batalha de vida e morte contra o nazismo.

O chamado corajoso para a ação antifascista feito por Zetkin, menos de um ano antes de sua morte, permanece como um tributo digno de sua vida devotada à luta revolucionária e ao seu legado que serve de farol para as novas gerações.

A luta contra o fascismo

Por Clara Zetkin

O fascismo encara o proletariado como um inimigo excepcionalmente perigoso e amedrontador. O fascismo é a expressão mais forte, concentrada e clássica em nosso tempo da ofensiva generalizada da burguesia mundial. É urgente e necessário fazê-lo cair. Isso não apenas no que diz respeito à existência histórica do proletariado enquanto classe, que libertará a humanidade superando o capitalismo. É também uma questão de sobrevivência para qualquer trabalhador, uma questão de acesso ao pão, a condições de trabalho e qualidade de vida para milhões e milhões de explorados.

É por essa razão que a luta contra o fascismo precisa ser empreendida por todo o proletariado. É evidente que superaremos mais rápido este inimigo sagaz na medida em que apreendermos a essência de seu caráter e como ele se expressa. Houve muita confusão em torno do fascismo, não apenas entre as amplas massas proletárias, mas também no interior da vanguarda revolucionária, entre os comunistas. A princípio, a visão predominante era a de que o fascismo não passava de um terror burguês violento, suas características e efeitos supostamente similares àquelas do regime de Horthy na Hungria[8]. Ainda que o fascismo e o regime

[8] Miklós Horthy foi o líder do regime contrarrevolucionário na Hungria que se seguiu à derrubada do governo soviético húngaro que existiu de março a agosto de 1919.

de Horthy empreguem os mesmos métodos sanguinários e terroristas, que atingem o proletariado da mesma forma, a essência histórica dos dois fenômenos é inteiramente diferente.

O terror na Hungria começou após a derrota de uma luta revolucionária que inicialmente obteve sucesso. Por um momento, a burguesia tremeu perante o poder proletário. O terror de Horthy emergiu como uma vingança contra a revolução. O sujeito dessa vingança foi uma pequena casta de oficiais feudais.

O fascismo é significativamente diferente disso. Não é de forma alguma a vingança da burguesia contra o levante militante do proletariado. Em termos históricos, visto de forma objetiva, o fascismo apresenta-se muito mais como uma *punição pelo fato de que o proletariado não tenha sustentado e aprofundado a revolução que foi iniciada na Rússia*. E a base do fascismo não repousa sobre uma pequena casta, mas em amplas camadas sociais, grandes massas, alcançando, inclusive, o proletariado. Devemos entender essas diferenças essenciais se quisermos lidar com o fascismo de forma bem sucedida. Meios militares, por si só, não poderão subjugá-lo, se puder usar esse termo; é necessário combatê-lo até sua queda também política e ideologicamente.

A interpretação social-democrata do fascismo

A concepção de que o fascismo é meramente uma forma do terror burguês, apesar de sustentada por algumas alas radicais de nosso movimento, é mais característica da perspectiva dos muitos sociais-democratas reformistas. Para eles, o fascismo não passa de terror e violência – mais que isso, um reflexo da burguesia contra a violência desencadeada, ou a ameaça dela, pelo proletariado contra a sociedade burguesa. Para os senhores reformistas, a Revolução Russa tem o mesmo significado que a mordida do fruto proibido no Paraíso tem para os devotos da Bíblia. Eles a vêem como a origem de todas as expressões de terrorismo nos dias atuais. É como se as guerras de pilhagem imperialistas nunca tivessem acontecido; como se não existisse a ditadura de classe burguesa! Portanto, para os reformistas, o fascismo é uma consequência da Revolução Russa – o pecado original do proletariado no Jardim do Éden.

Não foi ninguém menos do que Otto Bauer quem apresentou, em Hamburgo, a posição de que os comunistas russos, e aqueles que mantêm concepções iguais as deles, possuem uma responsabilidade especial pela reação burguesa em todas as partes e pelo fascismo; são eles os que dividem partidos e sindicatos.[9] Ao fazer essa afirmação ousada, Otto Bauer esqueceu-se que o Partido Social-Democrata Independente da Alemanha (USPD) rompeu com o Partido Social-Democrata da Alemanha (SPD) ainda antes da Revolução Russa e seu suposto exemplo moralmente desastroso. Bauer explica que a reação mundial, que alcança seu ponto mais alto com o fascismo, também é causada em parte pelo fato de que a Revolução Russa destruiu o paraíso menchevique da Geórgia e Armênia[10]. Ele ainda aponta uma terceira

---

[9] Otto Bauer era o líder e principal pensador do Partido Social-Democrata Austríaco. Era membro da centrista Internacional Dois e Meio, que se fundiu com a direitista II Internacional no Congresso de Hamburgo, entre os dias 21 e 25 de maio de 1923.

[10] A Geórgia, antes parte do império czarista, tornou-se independente após a Revolução Russa de outubro de 1917, com um governo liderado pelo Partido Menchevique, que era hostil à Rússia soviética. Em 16 de fevereiro de 1921, tropas do Exército Vermelho ocuparam a Geórgia em apoio a uma sublevação local pró-soviética. A Geórgia logo passaria a ser uma república soviética independente ligada à Rússia por um tratado. Uma parte da Armênia, formalmente dividida entre os impérios Otomano e Russo, tornou-se independente após a Primeira Guerra Mundial, sob o governo dos Dashnaks, um partido nacionalista. Em setembro de 1920, forças turcas atacaram o país; em novembro, na medida em que a resistência militar armênia entrou em colapso, tropas soviéticas ocuparam o país em apoio a um levante pró-soviético, e à criação da

causa para a reação mundial: o "Terror Bolchevique" em geral. Nos seus apontamentos, contudo, sentiu-se compelido a admitir: "Nós na Europa Central somos hoje obrigados a confrontar a violência fascista com guardas de defesa proletárias. Pois não temos ilusões de que possamos vencer a violência direta com apelos democráticos".

Seria esperado que dessa observação ele apresentasse a conclusão que a força deve ser combatida com força. No entanto, a lógica reformista segue suas próprias regras, indecifráveis, como se dá com a providência divina.

A ambivalência de Otto Bauer continua da seguinte maneira: "Não me refiro a métodos que frequentemente não levam ao sucesso, tais como a insurreição ou a greve geral. O que é necessário é a coordenação da ação parlamentar com ações de massa extra-parlamentares".

Aqui Otto Bauer não nos revela o segredo de seu casto seio político acerca da ação política a que ele é favorável no parlamento e, sobretudo, fora do parlamento. Há ações e ações. Existem ações tanto parlamentares, quanto de massas, que, de nosso ponto de vista, consistem em mero lixo burguês, com o perdão da palavra. Por outro lado, uma ação, seja dentro ou não do parlamento, pode ter caráter revolucionário. Otto Bauer mantém silêncio no que diz respeito à natureza das ações reformistas. E o produto final de suas reflexões sobre a luta contra a reação mundial é bastante particular. Ele se dará como um birô internacional responsável por informes precisos sobre a reação mundial. Bauer explica: "A fundação desta Internacional possivelmente será encarada com ceticismo. Se não soubéssemos como constituir um birô de notícias que nos alimente com informações necessárias sobre a reação, este ceticismo seria justificado".

República Socialista Soviética Armênia.

O que está por trás de toda essa concepção? A fé reformista na força inabalável da ordem capitalista e do domínio de classe da burguesia, junto à desconfiança e covardice direcionada ao proletariado como uma força consciente e irresistível da revolução mundial. Os reformistas veem o fascismo como uma expressão da inabalável e toda poderosa dominação de classe burguesa. O proletariado não está à altura da tarefa de enfrentá-lo – estaria condenado à derrota de antemão. Assim, nada resta ao proletariado além de retirar-se de cena de forma quieta e modesta, e não incitar os tigres e leões da dominação de classe burguesa a uma luta por sua liberação e autogoverno. Resumindo, o proletariado deveria renunciar a tudo em nome do presente e do futuro, e aguardando pacientemente o momento em que alguma migalha será ganha pela via da democracia e da reforma.

As raízes sociais do fascismo

Defendo um ponto de vista oposto, assim como – estou certa – todos os comunistas. Especificamente, vemos o fascismo como uma expressão da decadência e desintegração da economia capitalista e como um sintoma da dissolução do Estado burguês. Só podemos combater o fascismo se nos atentarmos para o fato de que ele desperta e arrasta consigo amplas massas sociais que perderam a segurança sobre a garantia de sua existência e, com isso, a sua crença na ordem social. As raízes do fascismo estão, de fato, na dissolução da economia capitalista e do Estado burguês. Já havia alguns sintomas da proletarização de camadas burguesas no capitalismo pré-guerra. A guerra destruiu a economia capitalista a partir de suas bases. Isso é evidente não apenas pelo empobrecimento assustador do proletariado, como também pela proletarização de amplas massas pequeno e médio burguesas, na situação de calamidade entre os pequenos camponeses e na aflição melancólica da '*intelligentsia*'. O transtorno dos "intelectuais" é ainda mais severo dado que o capitalismo pré-guerra tomou medidas para produzi-los em excesso. Os capitalistas queriam estender massivamente a oferta de força de trabalho para o campo do trabalho intelectual e, então, estimular uma competição desgovernada que terminaria por diminuir os salários. Desses círculos é que o imperialismo recrutou grande parte de seus campeões ideológicos para a Guerra Mundial. Atualmente todas essas camadas estão encarando o colapso das esperanças que elas depositaram na guerra. O que pesa acima de tudo sobre elas é a falta de segurança para sua subsistência básica, que ainda tinham antes da guerra.

Não baseio essas conclusões nas condições da Alemanha, onde os intelectuais burgueses se deparam com condições de extremo empobrecimento que são muitas vezes mais severas do que a miséria dos trabalhadores. Não, veja a Itália – da qual falarei brevemente: a ruína da economia foi decisiva para que as massas aderissem ao fascismo naquele país. Considere outro país que, em contraste com outros Estados europeus, saiu da Guerra Mundial sem grandes convulsões: o Reino Unido. A imprensa e os debates públicos falam, praticamente com a mesma ênfase, tanto da agonia nos "novos pobres" como dos lucros gigantes e da suntuosidade dos poucos "novos ricos". Nos Estados Unidos, o movimento de agricultores dá respostas ao crescente descontentamento de uma larga camada social. As condições das camadas intermediárias pioraram intensamente em todos os países. Em alguns deles, essa decadência leva a um ponto no qual essas camadas sociais são esmagadas ou aniquiladas.

Como resultado, há milhares procurando novas possibilidades de sobrevivência, segurança alimentar e a manutenção de sua posição social. Esse número é inflado pelos baixos e médios empregados governamentais, os funcionários públicos. A eles se juntam, mesmo em países vitoriosos, oficiais de baixas patentes e outros como eles, que agora não possuem nem emprego, nem formação profissional. Forças sociais desse tipo fornecem ao fascismo um contingente de diversas figuras que emprestam a ele, nesses países, uma pronunciada tonalidade monarquista. Mas não poderemos compreender inteiramente a natureza do fascismo encarando sua evolução somente como resultado de tais pressões econômicas, que foram consideravelmente aprofundadas a partir da crise financeira dos governos e sua perda de autoridade.

A falha da direção do proletariado

O fascismo possui outra fonte. Trata-se do obstáculo, do ritmo hesitante imposto à revolução mundial por conta da traição da direção reformista do movimento dos trabalhadores. Entre uma larga parcela das camadas médias - os funcionários públicos, os intelectuais burgueses, os pequenos e médios burgueses - que foram proletarizadas ou ameaçadas com esse destino, a psicologia de guerra foi substituída por algum grau de simpatia pelo socialismo reformista. Elas tinham a esperança de que, graças à "democracia", o socialismo reformista poderia resultar em uma mudança global: ilusões que foram dolorosamente despedaçadas. Os socialistas reformistas impulsionaram uma política de coalizão cujos custos foram suportados não apenas por proletários e assalariados, mas também pelos funcionários públicos, os intelectuais e os níveis mais baixos e intermediários da pequena-burguesia de todo tipo.

Essas camadas carecem, em geral, de qualquer educação teórica, histórica ou política. Sua simpatia pelo socialismo reformista nunca foi profundamente enraizada. Portanto, assim que as coisas mudaram, perderam sua fé não apenas na direção reformista, mas também no próprio socialismo. "Os socialistas prometiam o alívio de nossos fardos e sofrimento, além de muitas coisas belas, e a reorganização da sociedade sobre bases de justiça e democracia", dizem. "Mas os chefões e os ricos continuam dominando com ainda mais força que antes". A esses burgueses decepcionados com o socialismo juntaram-se forças proletárias. Todos os desiludidos – de origem burguesa ou proletária – contudo, abandonam uma força intelectual preciosa que permitiria a eles vislumbrar um futuro de esperança e luz para além do presente sombrio. Essa força é a confiança no proletariado como a classe que reconstruirá a sociedade. A traição dos líderes reformistas não pesa tanto sobre a atitude dessas forças desiludidas quanto um outro fato: que as massas proletárias toleram essa traição, de que elas continuam aceitando o jugo capitalista sem rebelião ou resistência, de que vieram a aceitar um sofrimento ainda mais amargo que o de antes.

Além disto, para falar com justeza, preciso acrescentar que também os partidos comunistas, à exceção do russo, possuem responsabilidade pelo fato de que mesmo no interior do proletariado existam pessoas desiludidas que se jogaram nos braços do fascismo. Muito frequentemente as ações desses partidos têm sido insuficientemente firmes, suas iniciativas carecem de escopo e atingem as massas inadequadamente. Não me refiro a erros políticos que levaram a derrotas. Não há dúvidas de que muitos dos proletários mais ativos, enérgicos e de pensamento revolucionário ainda não encontraram seu caminho, ou se desviaram de nós porque não nos acharam enérgicos e agressivos o suficiente. Não conseguimos conscientizá-los o suficiente do porquê também nós, em determinadas ocasiões, precisamos nos conter – mesmo que contra nossa vontade e com boa justificativa.

O caráter de massas do fascismo

As massas aos milhares se juntaram ao fascismo. Ele se transformou em um asilo para todos os desabrigados políticos, os socialmente desenraizados, os destituídos e desiludidos. E o que as massas não esperavam mais da classe proletária revolucionária e do socialismo, agora esperam que seja atingido pelos elementos mais capazes, fortes, determinados e impetuosos de todas as classes sociais. Todas essas forças deveriam unir-se em uma comunidade. E essa comunidade, para os fascistas, é a nação. Imaginam erroneamente que a disposição sincera para a criação de uma realidade social nova e melhor é poderosa o suficiente para superar todos os antagonismos de classe. O instrumento para atingir os ideais fascistas é, para eles, o Estado. Um Estado forte e autoritário que será sua própria criação e ferramenta obediente. Tal Estado irá elevar-se sobre todas as diferenças entre partidos e classes, e remodelará a sociedade de acordo com sua ideologia e programa.

É evidente que, em se tratando de composição social, o fascismo envolve forças que podem ser extremamente desconfortáveis e mesmo perigosas para a sociedade burguesa. Iremos além e diremos mesmo que esses elementos, se chegarem a entender seus próprios interesses, *devem* ser perigosos para a sociedade burguesa. Precisamente! Se emergir essa situação, então tais forças devem fazer o que for necessário para se certificarem de que a sociedade burguesa seja esmagada o mais rápido possível e o comunismo alcançado. Apesar disso, os acontecimentos até aqui têm mostrado que as forças reacionárias têm contido e passado para trás as revolucionárias no interior do fascismo.

O que vemos aqui é análogo aos acontecimentos em outras revoluções. A pequena-burguesia e as forças sociais intermediárias inicialmente vacilam entre os poderosos campos históricos do proletariado e da burguesia. São levadas a simpatizar com o proletariado por conta das dificuldades em suas vidas e, em parte, pelos desejos nobres e ideais elevados em seus espíritos, na medida em que este aja de forma revolucionária e apresente perspectivas de vitória. Sob a pressão das massas e de suas necessidades, e influenciados por essa situação, até mesmo os líderes fascistas são forçados a, minimamente, flertar com o proletariado revolucionário, ainda que não possuam por ele qualquer simpatia. Mas ao se tornar claro que o próprio proletariado abandonou o objetivo de levar adiante a revolução, que está se retirando do campo de batalha sob a influência dos líderes reformistas, por medo da revolução e respeito aos capitalistas - a esse ponto as amplas massas fascistas encontram seu caminho até o local em que a maioria de seus líderes já estava, consciente ou inconscientemente, desde o início: ao lado da burguesia.

A burguesia e o fascismo

Naturalmente, a burguesia dá boas-vindas a seus novos aliados com ânimo. Vê neles um crescimento grande em seu poder, um bando especial preparado para toda forma de violência a seus serviços. A burguesia, acostumada a governar, infelizmente é muito mais experiente e conhecedora de como julgar a situação e defender seus interesses de classe em comparação ao proletariado, o qual é acostumado com seu jugo. Desde o início, a burguesia compreendeu nitidamente a situação e, dessa forma, a vantagem que ela pode obter com o fascismo. O que quer a burguesia? Ela está empenhada na reconstrução da economia capitalista, ou seja, na manutenção de sua dominação de classe. Sob as atuais circunstâncias, a pré-condição para atingir esse objetivo é uma intensificação e um crescimento consideráveis da exploração e opressão sobre a classe trabalhadora.

A burguesia está inteiramente ciente de que sozinha ela não possui os instrumentos de poder necessários para impor esse destino aos explorados. Atormentado pelos escorpiões do recrudescimento da pobreza, até mesmo o proletário mais calejado começa a se rebelar contra o capitalismo. A burguesia só pode concluir que, com o passar do tempo, sob tal situação, até mesmo os sermões mansos e conciliatórios dos socialistas reformistas perderão seu efeito entediante sobre o proletariado. Ela passa a entender que o proletariado agora só pode ser explorado e subjugado através do uso da força. Mas os meios de força disponíveis para o Estado burguês começam, em parte, a ruir. O Estado está perdendo a capacidade financeira e a autoridade moral necessária para manter a subserviência e a lealdade cega de seus escravos. A burguesia não pode mais confiar nos meios de força regulares de seu Estado para garantir sua dominação. Para tal, ela precisa de um instrumento de força extralegal e paramilitar. O que foi oferecido pelo aglomerado heterogêneo que constitui a turba fascista. Esta é a razão pela qual a burguesia oferece a sua mão para o beijo fascista, permitindo-lhes completa liberdade de ação, contrariando a tudo que está inscrito ou não nas leis. Ela vai além. Ela nutre o fascismo, sustenta-lhe e promove seu desenvolvimento com todos os meios à sua disposição em termos de poder político e reservas bem guardadas de dinheiro.

É evidente que o fascismo tem características diferentes em cada país, devido a circunstâncias específicas. Independente disso, em toda parte possui dois traços essenciais: um programa revolucionário fraudulento, que se liga de forma extremamente esperta com os humores, interesses e necessidades de amplas camadas sociais; e o uso do violento e brutal terror.

O surgimento do fascismo na Itália

Hoje, o exemplo clássico do caráter e do desenvolvimento do fascismo encontra-se na Itália. Lá, o fascismo encontrou um terreno fértil na desintegração e fragilidade da economia. Pode parecer que isso não se aplica, pois a Itália estava entre as potências vitoriosas na Primeira Guerra Mundial. Apesar disso, a guerra teve um efeito devastador na economia italiana. A burguesia retornou da guerra vitoriosa, mas mortalmente ferida. A estrutura econômica e de desenvolvimento no país neste caso foi decisiva. Somente no norte da Itália houve o surgimento de um moderno capitalismo industrial. Nas regiões central e, especialmente, sul, o capital agrário ainda domina, em alguma medida sob condições feudais, aliado a um capitalismo financeiro que ainda não se elevou em importância e desenvolvimento moderno. Ambos eram de orientação imperialista; ambos eram hostis à guerra; ambos ganharam pouco ou quase nada com a carnificina de milhões. O campesinato não-capitalista sofria sob eles aterrorizado, junto a ele a pequena-burguesia e o proletariado urbanos. É verdade que a indústria pesada artificialmente nutrida do norte italiano acumulou lucros fabulosos. Ainda assim, a esta indústria faltava raízes profundas – não há carvão ou ferro na Itália – e logo seu brilho ofuscou.

Todos os efeitos nocivos da guerra caíram como chuva sobre a economia italiana e seu orçamento governamental. Uma crise terrível se desdobrou. A indústria, o artesanato e o comércio decaíram até a estagnação, com uma falência atrás da outra. A Banca di Sconto e a Companhia Ansaldo, ambas criações do imperialismo e da guerra, entraram em colapso. A guerra deixou como legado centenas de milhares procurando trabalho e comida, centenas de milhares de mutilados, viúvas e órfãos que precisavam de mantimentos. A crise aumentou o exército daqueles que voltavam para casa em busca de trabalho e emprego com multidões de demitidos, homens e mulheres, tanto operários quanto funcionários de escritório. Uma onda gigantesca de miséria se abateu sobre a Itália, atingindo o seu cume entre o verão de 1920 e a primavera de 1921. A burguesia industrial do norte da Itália, que fez uma agitação inescrupulosa em favor da guerra, foi incapaz de restaurar a economia arruinada. Não teve o poder político para mobilizar o Estado em prol de seus objetivos. Ela perdeu o controle do governo, que passou às mãos dos capitalistas agrários e financeiros sob a liderança de Giolitti. Mesmo que não tivesse acontecido dessa maneira, o Estado, caindo aos pedaços, não teria os meios e oportunidades para lidar com a crise e a miséria.

Foi graças a essa situação, e à sua evolução, que o fascismo italiano pode germinar. O líder predestinado que se esperava foi encontrado na pessoa de Mussolini. No outono de 1914, ele era um renegado do socialismo pacifista. Com a palavra de ordem "guerra ou república", ele se tornou o mais fanático dos belicistas. Em um jornal diário, fundado com dinheiro da Entente, *Il Popolo d'Italia*, ele prometia para as massas de produtores um paraíso na terra como resultado da guerra. Junto com à burguesia industrial ele vagou pelo banho de sangue da guerra; junto a ela, ele queria remodelar a Itália na forma de um moderno Estado capitalista. Mussolini teve de atrair as massas para conseguir intervir como uma força ativa em uma situação que refutou todas as suas profecias e foi contra seus objetivos. Em 1919, ele formou a primeira *fasci di combattimenti* (liga de soldados da infantaria) em Milão, com o objetivo de assegurar a sobrevivência e desenvolvimento da nação através da "defesa dos frutos revolucionários da guerra revolucionária para os heróis das trincheiras e o povo trabalhador". Grupos fascistas foram formados em diversas cidades. O novo movimento engajou-se desde o princípio em duras batalhas contra organizações revolucionárias dos trabalhadores, pois estas, segundo Mussolini, "dividiram e enfraqueceram a nação", ao defenderem a perspectiva da luta de classes. O fascismo também voltou suas armas contra o governo Giolitti, que responsabilizava inteiramente pelo terrível sofrimento do período pós-guerra. O fascismo desenvolveu-se de forma muito lenta e fraca no início. Ele ainda era contido pela confiança que amplas massas mantinham no socialismo. Em maio de 1920, havia em toda a Itália apenas uma centena de grupos fascistas, nenhum deles com mais do que vinte a trinta membros.

Desmoralização e terror

Rapidamente, o fascismo foi capaz de arrancar seu sustento e sua força de uma segunda fonte significativa. A situação objetivamente revolucionária levou à ascensão de um humor subjetivamente revolucionário no proletariado italiano. O glorioso exemplo dado pelos trabalhadores e camponeses russos teve aqui uma influência forte. No verão de 1920, os metalúrgicos impulsionaram ocupações de fábricas[11]. Aqui e acolá, chegando até ao sul da Itália, proletários agrícolas, pequenos camponeses, fazendeiros sob o regime de arrendamentos ocuparam proprie-

[11] Sobre as ocupações de fábricas em setembro de 1920 na Itália, conferir a Introdução.

dades ou se rebelaram de outras formas contra os latifundiários. Mas esse grande momento histórico fez transparecer que a direção dos trabalhadores era débil de espírito. Os líderes reformistas do Partido Socialista recuaram com medo diante da perspectiva revolucionária de aprofundar as ocupações de fábricas em uma luta pelo poder. Forçaram que a luta dos trabalhadores fosse confinada em um movimento puramente econômico, cuja direção cabia aos sindicatos. Em cumplicidade com D'Aragona e outros chefes da Confederação Geral do Trabalho, traíram os escravos assalariados rebelados por meio de um vergonhoso acordo com os empregadores, apoiando-se em ótima colaboração com o governo, especialmente por Giolitti. Líderes da esquerda do Partido Socialista, base através da qual o Partido Comunista seria posteriormente cristalizado, eram ainda pouco formados e inexperientes para tomar o comando da situação, tanto nas ideias como nas ações para conduzir os acontecimentos a outros rumos. Sobretudo as massas proletárias provaram-se incapazes de ir além de sua liderança e empurrá-la em direção à revolução.

A ocupação das fábricas acabou em uma grande derrota do proletariado, causando desmotivação, dúvida e timidez em suas fileiras. Milhares de trabalhadores viraram suas costas ao partido e aos sindicatos. Muitos mergulharam na apatia e indiferença, enquanto outros aderiram a associações burguesas. O fascismo galgou apoio crescente entre os desiludidos e também entre a pequeno-burguesia e os burgueses. Ele havia conquistado a vitória política e ideológica sobre a classe trabalhadora infectada pelo reformismo. Em fevereiro de 1921, havia cerca de mil fascistas. O fascismo ganhou as massas a partir de falsas demandas revolucionárias defendidas através de uma agitação demagógica inescrupulosa. Seu radicalismo verbal pomposo voltou-se, acima de tudo, contra o governo de Giolitti, "traidor da nação".

Foi, no entanto, a ferro e fogo que o fascismo procedeu em relação a seu segundo "inimigo": as organizações internacionais dos trabalhadores, os inimigos da pátria. Mussolini exigiu, mantendo suas visões republicanas, antimonárquicas e imperialistas, a destituição da dinastia real e a literal decapitação de Giolitti. Seus seguidores começaram a "disciplinar" os "antinacionalistas", isto é, as organizações dos trabalhadores com consciência de classe, com terror direcionado e sangrento. Na primavera de 1921, os fascistas empreenderam sua primeira "expedição punitiva". Eles atacaram o proletariado rural, que teve as sedes de suas organizações destruídas e incendiadas, assim como seus líderes assassinados. Somente mais tarde o terror fascista estendeu-se para o proletariado das grandes cidades. A promotoria e o Ministério Público deixaram que isso ocorresse sem qualquer preocupação em termos de legalidade e justiça. A burguesia, fosse industrial ou agrária, patrocinou abertamente o terrorismo fascista, apoiando-o com dinheiro e de outras maneiras. Apesar das ocupações de fábricas pelos trabalhadores ter terminado em derrota, a burguesia temia uma reanimação futura do poder proletário. Nas eleições municipais, os socialistas elegeram um terço dos oito mil vereadores. Ação preventiva era necessária. Sem sombra de dúvidas!

Ganhos eleitorais fascistas

O governo tinha chance e motivo para derrubar na força o fascismo, que o cercava de forma ameaçadora. Mas, na situação concreta, isso levaria a um fortalecimento do movimento dos trabalhadores. Melhor os fascistas do que os socialistas e os revolucionários, pensou Giolitti. A velha raposa dissolveu o parlamento e decretou novas eleições em maio de 1921. Ele forjou a "aliança pela ordem" de todos os partidos burgueses e nela incluiu as organizações fascistas. Durante a campanha eleitoral, o fascismo engajou-se em barulhentos apelos republicanos. Essa agitação antimonárquica e antidinástica foi silenciada quando a direção e a massa do Partido Agrário juntou-se a eles. Os ganhos eleitorais dos fascistas foram em boa parte devido a esse apoio, assim como a ampliação e fortalecimento dos *fasci*, que, em maio de 1921, chegaram a dois mil grupos. Mussolini estava inegavelmente expondo a si e a sua causa ao risco de inundar o movimento fascista com as forças agrárias. Ele reconhecia isso e, ao interromper sua falsa agitação antimonárquica, abria mão de um forte incentivo para que as massas aderissem ao fascismo.

Quando a batalha eleitoral chegou ao fim, Mussolini queria retomar suas palavras de ordem de 1919. Em uma entrevista para um jornalista do *Giornale d'Italia* – que representava os interesses da indústria pesada – ele afirmou que os fascistas eleitos não participariam da cerimônia de abertura do parlamento, porque era impossível para eles gritar "Vida longa ao rei!" após o discurso do trono. Essa colocação teve o efeito de pôr à vista a força da ala agrária do fascismo. Alguns deputados eleitos com apoio de grupos fascistas romperam para se juntar aos monarquistas e aos nacionalistas. Uma reunião foi convocada entre deputados fascistas e delegados regionais dos *fasci* para resolver a disputa. Mussolini e sua proposta foram derrotados. Ele represou seu republicanismo com a explicação de que não era sua intenção dividir o fascismo por conta dessa questão.

O aparato fascista

Essa derrota impeliu Mussolini a iniciar a constituição do fascismo como um partido organizado e centralizado: até então, ele não passava de um movimento frouxo. A transformação aconteceu no primeiro congresso fascista, em novembro de 1921. Embora Mussolini tenha sido bem-sucedido nesse ponto, ele foi derrotado na escolha da direção do partido; ele não a tinha totalmente sob seu controle. Seus apoiadores mais próximos conformavam apenas a metade dela; a outra metade era formada por monarquistas agrários. Essa situação é importante. Ela indica um conflito no interior do fascismo que continuou e se intensificou até os dias de hoje, um conflito que contribuirá para a sua decadência. É o conflito entre o capital agrário e o industrial ou, em termos políticos, entre monarquistas e republicanos. O partido tem hoje 500.000 membros.

Constituir o fascismo enquanto partido não foi em si suficiente para garantir a Mussolini o poder de tornar-se o senhor da classe trabalhadora e compelir o proletariado, através de um regime de trabalho ainda mais penoso, a contribuir com a reconstrução e futuro desenvolvimento da economia capitalista. Para tal propósito, ele precisaria de um duplo aparato. Um aparato para corromper os trabalhadores, e outro para subjugá-los com força armada e métodos terroristas.

O aparato para corromper o movimento dos trabalhadores foi criado através da fundação de sindicatos fascistas, denominados de "corporações nacionais". Elas deveriam encarregar-se sistematicamente daquilo que o fascismo tinha feito desde o princípio: combater o movimento revolucionário dos trabalhadores, aliás, qualquer movimento independente dos trabalhadores. Mussolini sempre rejeitou a acusação de conduzir uma luta contra a classe trabalhadora. Ele continuamente dá garantias de que busca elevar material e culturalmente a classe trabalhadora e não a levar de volta "às condições angustiantes de uma vida análoga à escravidão". Mas tudo isso deve dar-se dentro dos parâmetros da “nação” e subordinado aos seus interesses: a luta de classes é firmemente rejeitada.

Os sindicatos fascistas foram fundados com objetivo explícito de prover um antídoto, não apenas contrário às organizações revolucionárias do proletariado, mas também contra todas as organizações de classe de qualquer espécie. Toda organização proletária é recebida imediatamente com suspeita de ser de caráter revolucionário por Mussolini e seu bando. Mussolini criou seus próprios sindicatos, abrangendo a todos os trabalhadores, empregados e empregadores em determinado ramo de comércio ou indústria. Alguns dos empregadores organizados não aceitaram aderir a tais sindicatos, como foi o caso da liga agrícola e da liga dos industriais. Mesmo assim e apesar de sua heresia, elas não são convocadas a prestar contas às expedições punitivas dos fascistas. Esses assaltos aconteceram apenas nos locais em que as preocupações se voltavam para o proletariado, e que talvez sequer fizessem parte do movimento revolucionário, mas que, ainda assim, lutavam por seus interesses de classe. Dezenas de milhares de trabalhadores foram forçados a aderir aos sindicatos fascistas, dos quais se dizia que abrangiam algo em torno de 800.000 membros.

Os grupos fascistas voltados a subordinar a classe trabalhadora através do terrorismo na Itália se autointitulam esquadrões. Eles constituem uma organização militar que se desenvolveu a partir das expedições punitivas agrárias. Bandos de “punidores”, que se formaram espontaneamente aqui e acolá, tornaram-se organizações permanentes de mercenários pagos, que têm o terror como profissão. Com o passar do tempo, os esquadrões se desdobraram em uma força puramente militar, que levaram à frente o golpe de estado e dão sustento ao poder ditatorial de Mussolini. Após a conquista do poder e o surgimento do Estado fascista eles foram legalizados como a "milícia nacional", uma parte do Estado burguês. Estão comprometidos, como foi oficialmente declarado, "com a defesa de Deus, da nação e do primeiro-ministro" – note-se: não do rei. Há diversas estimativas sobre sua força. No momento do golpe fascista[12], elas somavam entre 100.000 e 300.000; agora são meio milhão.

A greve geral fracassada

Assim como os erros e traições dos líderes reformistas ajudaram dar luz ao fascismo, também a conquista do poder político pelos fascistas foi precedida de outra traição reformista e, consequentemente, outra derrota do proletariado italiano. Em 31 de julho de 1922, ocorre uma reunião secreta entre os dirigentes reformistas dos trabalhadores italianos – tanto dos sindicatos quanto do Partido Socialista; Turati estava presente, assim como D'Aragona. Decidiu-se pela proclamação de uma greve geral através da Confederação Geral do Trabalho, em 01 de agosto, uma greve que não foi preparada nem organizada previamente[13]. Da maneira como se encontravam as coisas, ela só poderia ter terminado em uma angustiante derrota para o proletariado. Em muitos lugares, a greve só foi iniciada depois que ela já havia colapsado em outros. Foi uma derrota tão profunda e fatal quanto aquela das ocupações de fábricas. Ela deu coragem aos fascistas para leva-

---

[12] Uma referência à "Marcha sobre Roma" fascista de 22 a 29 de outubro de 1922, após a qual Mussolini foi solicitado a formar um ministério.

[13] Em 31 de julho de 1922, a *Alleanza del Lavoro* – reunindo a Confederação Geral do Trabalho e outros sindicatos – declarou uma greve geral contra o regime de Mussolini, marcada para o dia seguinte. Vinda após ondas de ataques fascistas praticamente impunes e sob crescente desmoralização da classe trabalhadora, a greve mal organizada teve pouca adesão dos trabalhadores e encontrou repressão dura. Consequentemente, os líderes capitularam e encerraram a greve dia 3 de agosto.

rem à frente seu golpe, ao mesmo tempo em que desencorajou e desmoralizou os trabalhadores que, passivos e desiludidos, abstiveram-se de maior resistência, permitindo que tudo acontecesse. Após o golpe, a traição dos chefes reformistas foi selada quando Baldesi, um dos mais influentes dirigentes da confederação sindical italiana e do Partido Socialista, declarou, sob pedidos de Mussolini, que ele estava pronto a aderir ao governo fascista. Esta vergonhosa aliança ruiu (que desgraça) não por conta de oposição e protesto dos reformistas, mas por causa da resistência dos fascistas agrários.

Esta curta síntese geral permite a vocês a percepção da relação entre o desenvolvimento do fascismo e a decadência econômica que empobreceu e levou à confusão a classe trabalhadora em solo italiano; entre o desenvolvimento do fascismo e a traição da direção reformista – covardes que abandonaram os trabalhadores durante a luta. Aqui, a fraqueza do Partido Comunista também cumpriu um papel. Para além de sua fraqueza numérica, o partido certamente cometeu também um erro político ao encarar o fascismo somente como um fenômeno militar enquanto ignorava seu aspectos ideológico e político. Não esqueçamos que, antes de abater o proletariado por meio de atos de terror, o fascismo italiano já tinha assegurado uma vitória ideológica e política sobre o movimento dos trabalhadores que se encontra nas raízes de seu triunfo. Seria muito perigoso equivocar-se frente à importância de superar o fascismo ideológica e politicamente.

As promessas fascistas versus seus atos

É evidente que, em termos de organização e força, o fascismo pôde desenvolver-se no sentido brevemente aqui descrito porque possuía um programa bastante atrativo para as massas mais amplas. Enfrentamos uma questão que é importante para os proletários de todos os países: O que fez o fascismo na Itália desde a tomada do poder para a realização de seu programa? Qual a natureza do Estado escolhido como seu instrumento? Ele se provou como o prometido Estado acima das classes e partidos, que garantiria justiça para todas as camadas sociais? Ou demonstrou-se como uma ferramenta nas mãos da minoria proprietária e especialmente da burguesia industrial? Isso pode ser melhor avaliado através da comparação entre as principais demandas do programa fascista com a forma com que foram implementadas.

O que o fascismo prometia, em termos políticos, quando surgiu como Sansão com cabelos soltos e selvagens?

Uma reforma no direito do voto e a implementação consistente da representação proporcional. O que vemos? A velha e degradada lei de representação proporcional de 1919 sendo repelida para ser substituída por uma lei eleitoral que é uma piada, um completa paródia da representação proporcional. O partido que conseguir mais votos receberá dois terços de assentos no parlamento. Houve um debate sobre se deveriam ser dois terços ou três quartos. Segundo recentemente circulou na imprensa, os fascistas ficarão satisfeitos caso o partido mais forte – isto é, o deles – receba dois terços, e o terço restante seja distribuído proporcionalmente entre os vários outros partidos. Que bela reforma eleitoral!

Mussolini prometeu às mulheres o direito de votarem e serem votadas. Recentemente, aconteceu em Roma uma conferência burguesa internacional sobre o direito ao sufrágio feminino[14]. Mussolini honrou às mulheres com sua presença e explicou com um doce sorriso que elas obteriam o direito ao voto – mas apenas

[14] Uma referência ao IX Congresso da Aliança Internacional pelo Sufrágio Feminino, em Roma, entre 12 e 19 de maio de 1923.

para os conselhos municipais. Seus direitos políticos, portanto, continuariam negados. Além disso, nem todas as mulheres ganhariam direitos em eleições municipais; apenas aquelas que conseguissem provar certo nível educacional, além de mulheres com "medalhas de guerra", e aquelas cujos maridos possuíssem um bolso suficientemente grande para pagar uma certa quantia de impostos. Foi assim como manteve sua promessa sobre igualdade de direitos para as mulheres.

O fascismo incluiu em seu programa a abolição do Senado e a criação de um parlamento econômico, que funcionaria paralelamente ao político. Nada mais se ouve sobre o parlamento econômico. Porém, quando Mussolini fez seu primeiro discurso naquela casa, sede imunda de todos os reacionários, ele celebrou suas contribuições magníficas do passado e confirmou suas grandes realizações do presente – todas as quais exigiam um fortalecimento da influência legislativa do Senado.

O programa fascista clamava pela imediata convocação de uma assembleia nacional para a reforma da constituição. Onde isso se mantém? Nenhuma palavra foi pronunciada sobre tal assembleia. Ao contrário, a reforma constitucional parece ser o seguinte: o parlamento – composto como descrito acima, o que significa uma maioria partidária fascista – nomeia um primeiro-ministro. O primeiro-ministro fascista precisa então ser confirmado pelo rei. O primeiro-ministro forma seu governo do jeito que quiser, se apresenta junto a seu gabinete ministerial para o parlamento, do qual recebe um voto de confiança, e depois o parlamento deixa a cena, sendo suspenso por quatro anos – ou seja, pelo inteiro período de seu mandato.

Comparemos as promessas dos fascistas na área social com suas realizações. O fascismo prometeu proteção legal para a jornada de oito horas de trabalho e o estabelecimento de um salário mínimo aos trabalhadores industriais e agrícolas. Já a legislação proposta possui uma centena de exceções para a jornada de oito horas e conclui permitindo ser ignorada em determinados casos. Acima disso, a jornada de oito horas já foi extinta na prática para largas camadas proletárias, especialmente para os trabalhadores ferroviários, os empregados dos correios e outros ocupados pelas comunicações ou transportes, para quem – exatamente seguindo o modelo "daquele cão miserável do Groener"[15] – oito horas à disposição do trabalho são substituídas por oito horas efetivamente trabalhadas.

Qual a situação quanto ao estabelecimento de um salário mínimo? Acorrentados por atos terroristas e a destruição dos sindicatos, graças à conduta das "corporações" fascistas no que respeita à "paz civil", a resistência dos empregadores às demandas salariais foram reforçadas de tal forma que os trabalhadores não foram capazes, dada a péssima condição econômica, de sequer defender seus níveis salariais anteriores. Ocorreram reduções salariais de 20 a 30% em média – 50% para grande número de trabalhadores. De fato, há casos em que o arrocho chega a 60%.

O fascismo falava em pensões para os idosos e os inválidos, o que os protegeria dos piores níveis de pobreza e sofrimento. O que houve com essa promessa? Os já poucos traços de políticas sociais para os idosos, enfermos e doentes, que se constituíam em um fundo de 50 milhões de liras, foram abolidos. Os 50 milhões de liras foram simplesmente eliminados do orçamento "para economizar dinheiro", de forma que aqueles que sofrem com a pobreza não têm mais acesso a qualquer recurso social. Foram ainda cortados do orçamento os 50 milhões de liras des-

[15] Wilhelm Groener foi um ministro das ferrovias na Alemanha, que agiu para suprimir uma greve nacional dos ferroviários em fevereiro de 1922.

tinadas a agências de emprego e apoio aos desempregados, e os 60 milhões de liras para as associações de crédito cooperativo.

O fascismo apresentou a exigência de que os trabalhadores fossem incutidos na direção técnica da fábrica – em outras palavras, no controle da produção. Foi prometido que o fascismo sujeitaria empresas públicas à supervisão técnica dos conselhos de fábrica. Agora, debate a possibilidade de uma lei que simplesmente abole os conselhos de fábrica. Além disto, as empresas públicas estão sendo entregues para administradores privados, que em parte já foi feito. A manufatura de fósforos, antes um monopólio estatal, acabou nas mãos de investidores privados. O mesmo ocorreu com o serviço de entregas postais, a indústria telefônica, o serviço de rádio e telégrafo, assim como com as ferrovias. Mussolini afirmou que os fascistas são "liberais no sentido clássico da palavra".

Consideremos alguns dos frutos do fascismo no campo financeiro. O fascismo prometeu uma abrangente reforma tributária. Seu Estado "autoritário" utilizaria seu poder para impor uma taxação geral e fortemente progressiva sobre o capital, que supostamente seria, até certa medida, uma "expropriação do capital". Mas o que aconteceu foi a eliminação de inúmeros impostos sobre bens de luxo, tais como carruagens, automóveis e afins. A justificativa foi de que tais impostos "restringem a produção nacional e destroem a propriedade e a família". Além disso, planeja-se atualmente a ampliação de impostos indiretos com uma justificativa igualmente fantasiosa, que tais medidas reduziriam o consumo e teriam a consequência de um aumento da exportação. Por fim, a exigência de que títulos fossem mantidos no nome de seus possuidores foi eliminada – os assim chamados "títulos de créditos nominativos" – abrindo amplamente as portas para os sonegadores de impostos.

Mussolini e seus capangas chamaram pelo confisco dos bens da igreja. Ao invés disso, o governo fascista retomou uma série de concessões para o clero que eram antigas e há muito encerradas. O ensino religioso nas escolas havia sido abolido cinquenta anos atrás; Mussolini trouxe-o de volta, e um crucifixo deve estar pendurado em cada escola.

O fascismo exigia que os contratos sobre suprimentos de guerra fossem modificados e que até 85% dos lucros de guerra fossem passados para o governo. O que aconteceu? O parlamento criou uma comissão para rever os contratos de suprimentos de guerra. Ela deveria apresentar um informe para o parlamento como um todo. Ao fazê-lo, com certeza iria comprometer profundamente a maioria dos capitães da indústria pesada, os patrões e benfeitores do fascismo. Uma das primeiras medidas de Mussolini foi que essa comissão apresentaria o informe apenas para ele em pessoa, e que qualquer um que revelasse qualquer coisa sobre o documento seria punido com seis meses de prisão. Quanto ao confisco dos lucros de guerra, os tambores do fascismo permaneceram silenciosas, enquanto isso, bilhões foram aprovadas para a indústria pesada para cobrir encomendas de vários tipos.

O fascismo queria ainda reformular desde as bases as forças armadas. Reivindicava a abolição do exército permanente, um curto período de serviço militar obrigatório, limitação do exército para a defesa do país em oposição a engajar-se em guerras imperialistas, e assim por diante. Como este programa foi efetivado? O exército permanente não foi abolido. O tempo de serviço obrigatório aumentou de oito para dezoito meses, o que aumentou um exército de 250 mil para 350 mil homens. Verdade, a *Guardia Regia*, uma espécie de polícia armada e organizada militarmente, foi abolida. Terá acontecido isso, talvez, porque ela era particularmente impopular entre o povo, especialmente entre trabalhadores, após ter intervindo em assembleias, greves e afins? Exatamente o contrário! Mussolini considerava-a "democrática" demais por estar sob o comando do ministério do interior, ao invés do alto comando, e ele temia que estas forças pudessem entrar em conflito com seus esquadrões e atuar contra ele.

A *Guardia Regia* era composta de 35 mil policiais. Para compensar sua abolição, o tamanho dos *Carabinieri* foi ampliado de 65 mil para 90 mil. Além disto, o número de policiais foi dobrado – inclusive os detetives e a polícia aduaneira. Mais que isto, os esquadrões de "camisas negras" foram convertidos pelo governo fascista em uma milícia nacional. A princípio, seu número inicial era estimado em 100 mil, mas uma decisão recente do comando fascista aumentará este contingente para meio milhão.

Os esquadrões foram infiltrados pelos "camisas azuis" nacionalistas – forças agrárias-monarquistas – um fato que deve ter feito Mussolini tremer de medo com a possibilidade de um levante contra a sua ditadura. Desde o momento em que os esquadrões surgiram, ele tomou medidas para que eles ficassem submetidos à direção política do partido, ou seja, sujeitos à sua supremacia. Ele acreditava que esse objetivo teria sido alcançado ao colocar os esquadrões sob um comando supremo nacional, escolhido pela direção do partido. Mas a direção política não podia prevenir os conflitos no interior dos esquadrões, que se tornaram cada vez mais agudos quando os nacionalistas, os "camisas azuis", entraram para suas fileiras. Para quebrar a sua influência, Mussolini decidiu que todos os membros do partido ingressassem na milícia nacional, para que suas forças fosse iguais às do partido. Dessa forma, Mussolini esperava sujeitar politicamente as forças agrárias que lhe apresentavam resistência. No entanto, trazer os membros do partido para a milícia irá intensificar os conflitos em seu interior, conflitos que irão se arrastar por lá até levar à decadência.

As forças armadas deveriam servir apenas para defender a pátria. Essa era a promessa. Mas o tamanho crescente do exército e a enorme quantidade de armamentos estão voltados para aventuras imperialistas. Aumentou-se enormemente a artilharia, o número do corpo de oficiais foi aumentado, enquanto a marinha está recebendo um reforço especial. Um amplo número de navios de guerra, submarinos, torpedos e afins foram encomendados. A força aérea está sendo desenvolvida de maneira especialmente perceptível. Foram ordenados mil novas aeronaves, e muitos aeroportos foram construídos. Ela possui o seu próprio orçamento e centenas de milhões de liras foram aprovadas para a indústria pesada construir as mais modernas maquinas e impiedosos instrumentos de morte.

Quando se compara o programa do fascismo italiano com sua real implementação, torna-se evidente o seguinte: a completa falência ideológica do movimento. Há uma contradição flagrante entre o que o fascismo prometeu e aquilo que entregou às massas. Todo discurso sobre como o Estado fascista colocará os interesses da nação acima de tudo, assim que exposta aos ventos da realidade, desfez-se como uma bolha de sabão. A "nação" se revelou como sendo a burguesia; o Estado fascista ideal revelou-se como sendo, em sua vulgaridade e falta de escrúpulos, o Estado de classe da burguesia. Essa falência ideológica levará, cedo ou tarde, o fascismo para a sua falência política.

As contradições fascistas

E este dia se aproxima. O fascismo é incapaz de manter unido até mesmo as diferentes correntes burguesas cujo silencioso e generoso patrocínio permitiu sua chegada ao poder. O fascismo queria garantir poder para a redenção social pela tomada do controle do Estado e a utilização de seu aparato de poder para seus próprios fins. Ele não conseguiu nem mesmo subordinar inteiramente o aparato burocrático. Uma luta aguda estourou entre a antiga e emaranhada burocracia contra os novos dirigentes fascistas. O mesmo antagonismo existe entre o antigo exército regular com seu corpo de oficiais e a milícia fascista com seus novos líderes. O conflito entre o fascismo e os partidos burgueses está crescendo.

Mussolini planejava uma organização de classe unificada da burguesia, no formato do partido fascista como uma contrapartida ao proletariado revolucionário. Por isto devotou tanto esforço para esmagar ou absorver todos os partidos burgueses. Foi bem-sucedido em absorver apenas um deles, o partido nacionalista[16]. Como vimos acima, há muitas indicações de que essa fusão seja ambígua. A tentativa de unificar burgueses, liberais, republicanos e democratas em uma moldura conservadora falhou. As políticas fascistas levaram os remanescentes da democracia burguesa a aprofundar-se em sua antiga ideologia. Confrontados com a sede de poder e o uso de violência por Mussolini, eles tomaram para si a luta "em defesa da constituição e para reestabelecer a antiga liberdade burguesa".

A incapacidade do fascismo em consolidar e aprofundar seu controle do poder político é bem ilustrada por sua relação com o Partido Popular católico[17], com certeza o maior e mais influente partido burguês da Itália. Mussolini acreditava que conseguiria desagregar a ala agrária de direita do partido e unificá-la aos fascistas, ao mesmo tempo que enfraqueceria a ala

[16] A Associação Nacionalista Italiana ingressou o Partido Fascista de Mussolini em março de 1923.

[17] Uma referência ao Partido Popular Italiano, de orientação democrata cristã.

esquerda e garantiria sua dissolução. As coisas aconteceram de forma diferente. No recente congresso dos *popolari*, em Turim, houve um sincero clamor contra o fascismo. Aqueles na ala direita que tentaram se pronunciar em sua defesa foram calados. Já as mais severas críticas às políticas facistas foram recebidas com apoio entusiasmado.

Por trás desses conflitos – os que mencionei e outros – está o conflito de classes que é impossível de ser escondido por manobras organizacionais e sermões pela paz social. As contradições de classe são maiores do que todas as ideologias que negam sua existência, e essas contradições encontram expressão apesar do fascismo, aliás, graças ao fascismo e contra ele. A conduta dos *popolari* reflete a conscientização de amplas camadas da pequena-burguesia urbana e dos pequenos camponeses no que diz respeito a sua condição de classe e seus antagonismos com o grande capital. Isso é extremamente importante em relação à controle do poder pelos fascistas na Itália ou, mais corretamente, à desintegração à qual ele está destinado. Essas camadas – e especialmente as mulheres em suas fileiras – são profundamente influenciadas pelo catolicismo e a igreja. Por isso, Mussolini fez tudo o que podia para conquistar o Vaticano. Mas o Vaticano não ousou contrapor-se aos primeiros estágios da rebelião antifascista das massas de pequenos camponeses do Partido Popular.

Os pequenos camponeses veem que o fascismo permite à burguesia impostos mais baixos, maiores possibilidades de sonegação e super-contratos. Enquanto isso, cai sobre eles o peso de impostos mais caros através de pagamentos indiretos e agora através de novos cálculos sobre os ganhos agrícolas. O mesmo vale para as massas pequeno-burguesas na cidade. Elas são forçadas ao enfrentamento com a abolição do controle dos aluguéis imposta pelo fascismo; os inquilinos possuem novamente poder ilimitado para impor altos preços. A crescente rebelião dos pequenos agricultores e dos trabalhadores rurais encontram acentuada expressão precisamente nas regiões agrícolas onde o fascismo imaginava ter toda a resistência dobrada por seus esquadrões. Por exemplo, em Boscoreale, próxima a Nápoles, mas de mil camponeses tomaram a sede do governo municipal em protesto contra os impostos opressivos. Em três localidades da província de Novara, os trabalhadores rurais foram capazes de fazer bem-sucedidas reivindicações acerca de seus salários e condições de trabalho anteriores. Fizeram isso através da ocupação de um determinado número de estados, inclusive com o apoio de esquadrões fascistas.

Despertar dos Trabalhadores

É de particular importância que parcelas do proletariado intoxicadas e envenenadas pelo fascismo começam a despertar. Enquanto isso, o fascismo é incapaz de defender os interesses dos trabalhadores contra a burguesia, e incapaz de manter as promessas que fez, particularmente aos sindicatos fascistas. Quanto maiores suas vitórias, menos eficiente ele é em manter sua pose de protetor do proletariado. O fascismo não pode sequer forçar os empregadores a manter as promessas fascistas sobre as vantagens de organizações comuns[18]. Onde quer que seja que alguns poucos trabalhadores estejam organizados em sindicatos fascistas, pode ser que seja possível para um capitalista pagar melhores salários para esses poucos. Mas, onde as massas foram arrebanhadas para aderir às organizações fascistas, os empregadores não levam em consideração os "irmãos fascistas", porque o custo

[18] Uma referência aos sindicatos fascistas, denominados corporações, que eram supostamente "organizações comuns" do trabalho e do capital.

seria muito elevado – e onde as carteiras e os lucros entram em jogo, os senhores do capital são pouco gentis.

O despertar dos proletários foi acelerado especialmente pelo alto número de trabalhadores atirados às ruas sem sustento, não apenas na iniciativa privada, mas também por empresas públicas. Logo após o golpe dos fascistas, 17 mil ferroviários foram demitidos. Mais demissões ocorreram e definitivamente muitas ainda estão por vir. As oficinas militares foram fechadas, deixando 24 mil trabalhadores sem qualquer renda e entregues à exploração irrestrita nas oficinas privadas.

A fervura de uma rebelião contra as políticas econômicas dos facistas está emergindo justamente entre os trabalhadores organizados pelos próprios fascistas. Em Turim, Nápoles, Trieste, Veneza e em várias cidades foram os sindicatos fascistas que tomaram a direção e, sem exceção, uniram-se a trabalhadores de outros partidos e organizações – incluindo trabalhadores comunistas e sindicalistas – em gigantescas manifestações contra as demissões e fechamentos de fábricas. Inúmeros incapacitados pela guerra que foram dispensados das oficinas militares viajaram de Nápoles até Roma para protestar contra a injustiça que sofreram. Tinham esperança de que Mussolini em pessoa garantisse a eles justiça e proteção, mas ao invés disto, testemunhando pela própria fé, foram presos no momento em que desembarcaram dos trens. Os portuários de Monfalcone e Trieste, os trabalhadores de vários lugares e indústrias – todos membros de organizações fascistas – entraram em ação. Ocupações de fábricas foram retomadas em alguns locais, animadas por trabalhadores em sindicatos fascistas, com tolerância e apoio simpáticos dos esquadrões.

Esses fatos demonstram que a falência ideológica leva à falência política, e que serão, sobretudo, os próprios trabalhadores que irão rapidamente retomar a compreensão de seus interesses e compromissos de classe.

Quem vai derrubar o fascismo?

Há muitas conclusões às quais chegar. Em primeiro lugar, é preciso que não se veja o fascismo como um fenômeno homogêneo, um bloco sólido, contra o qual todos os nossos esforços serão em vão. O fascismo é contraditório por natureza, agregando diferentes forças conflitantes que o levarão à sua decadência interna e desintegração. Devemos entrar na luta ainda mais poderosamente não apenas pelas memórias dos trabalhadores que caíram frente ao fascismo, mas também por aqueles pequenos e médios burgueses, pequenos camponeses, intelectuais – em uma palavra, todas as camadas sociais que hoje se encontram, por sua posição econômica e social, em um conflito cada vez mais agudo com o capitalismo de larga escala.

No entanto, seria extremamente perigoso presumir que a decadência ideológica e política na Itália levará rapidamente a um colapso militar. Certamente a decadência e o colapso militar do fascismo ocorrerão, mas poderá ser um lento processo de longo prazo por conta da inércia dos instrumentos de poder disponíveis. O proletariado da Itália se libertará do fascismo. Retomará sua consciência, sua força e se tornará ainda mais resoluto na luta por seus interesses. Ele retomará a luta de classes revolucionária por sua liberdade. Mas, durante este processo, os camaradas italianos e o proletariado precisam reconhecer o fato de que o fascismo, enquanto perece ideológica e politicamente, irá assaltar-lhes com seu terrorismo militar, com generalizada e inescrupulosa violência. Devemos estar preparados! Um monstro, mesmo em sua agonia de morte, frequentemente tem sucesso em desferir golpes avassaladores. Por essa razão, os proletários revolucionários, comunistas e socialistas devem seguir o caminho da luta de classes, preparados e armados para as mais duras batalhas.

A pior coisa que poderíamos fazer seria permitir que nossa compreensão histórica sobre o fascismo nos permita ser empurrados em direção à inatividade, à espera, ou ao adiamento de nos armarmos e lutarmos contra o fascismo. Sim, o fascismo está certamente condenado à decadência interna e ao ocaso. Ele só pode servir à burguesia como uma ferramenta na luta de classes temporariamente; somente temporariamente ele pode reforçar, seja legal ou ilegalmente, o poder do Estado burguês contra o proletariado. Ainda assim, seria um desastre se caíssemos na posição de cínicos e observadores neutros desse processo de decadência. Pelo contrário, é nosso inquestionável dever fazer avançar esse processo e acelerá-lo por todos os meios possíveis.

O fascismo na Alemanha

Este é o principal dever do proletariado não apenas na Itália, onde esse processo provavelmente acontecerá primeiro; *esta é também a tarefa do proletariado alemão*. O fascismo é um fenômeno internacional; todos concordamos com isso. Até o presente momento, além da Itália, é na Alemanha em que sua força é mais desenvolvida. Aqui, as consequências da guerra e a derrota da revolução foram favoráveis a seu crescimento. Isso é compreensível, tendo em mente o que sabemos acerca das raízes do fascismo.

Na Alemanha, a economia foi especialmente devastada pela derrota na guerra, o fardo das sanções e o Tratado de Versalhes[19].

[19] O tratado de paz de Versalhes, assinado em 28 de junho de 1919, entre os poderes Aliados e a Alemanha, tinha entre suas cláusulas a transferência de 10

O Estado foi despedaçado até suas bases. O governo é fraco, sem autoridade, um joguete nas mãos dos Stinnes e seus capangas[20]. Em minha opinião, não existe país em que os conflitos entre as condições objetivamente maduras para a revolução e a imaturidade subjetiva do proletariado sejam tão agudos, em razão das traições, compreensão e conduta de sua direção reformista. Não há qualquer outro lugar em que a social-democracia tenha colapsado de forma tão vergonhosa quando iniciou a Primeira Guerra Mundial quanto na Alemanha. Aqui, a indústria capitalista estava altamente desenvolvida; o proletariado poderia sentir orgulho de suas poderosas organizações e duradoura educação marxista. Podemos reconhecer que os partidos sociais-democratas britânico, francês e austríaco, assim como todas as organizações da Segunda Internacional, possuíam os seus pontos fortes. Mas o partido que os liderava, o modelo de partido, era o Partido Social-Democrata da Alemanha. Seu desmoronamento é assim um crime ainda mais imperdoável e revoltante do que o de qualquer outro partido proletário. Há mais bases para anistiar e perdoar o colapso de outros partidos quando irrompe a guerra, do que existem para o mesmo processo do Partido Social-Democrata da Alemanha. O impacto desse colapso fez com que as massas proletárias recuassem de uma forma particularmente intensa e destrutiva. Quando o imperialismo alemão foi destroçado pelo imperialismo da Entente, as condições então encontradas aqui eram particularmente favoráveis para a rápida escalada do fascismo.

Mas, apesar de tudo, estou convencida de que nem o Tratado de Versalhes ou a ocupação do Ruhr[21], com todas as suas marcas

---

por cento do território alemão para França, Bélgica, Dinamarca e Polônia, e obrigava a Alemanha a pagar U$ 33 bilhões de dólares (quantia equivalente a U$ 461 bilhões em 2016) em reparação aos poderes da Entente.

20 Hugo Stinnes foi um dos mais importantes capitalistas alemães com um império econômico vasto e multifacetado.

21 Em 11 de janeiro de 1923, 60 mil soldados franceses e belgas invadiram e

de violência, contribuíram tanto para o fascismo na Alemanha quanto o golpe de Mussolini. Esse golpe deu mais incentivo aos fascistas alemães do que qualquer outro evento. Deu-lhes autoconfiança e fé em sua vitória. A derrota e o colapso do fascismo na Itália teriam levado imediatamente a uma grande onda de desmoralização dos fascistas na Alemanha, e encorajaria imensamente o proletariado. Ainda mais se o proletariado pudesse dizer: o fascismo na Itália foi vitorioso e por um tempo gozou das alturas do poder, mas já não o é mais, não apenas porque deveria cair por suas contradições internas, mas também por conta da intensa e resoluta ação das massas proletárias. Tal entendimento se espalharia internacionalmente, fosse qual fosse a situação individual de cada país.

Portanto, é nosso dever trabalhar internacionalmente com toda nossa capacidade para superar o fascismo na Itália. Mas, no decorrer desse esforço, não devemos nos esquecer de que há uma precondição para superar com sucesso o fascismo externo, qual seja, para nós, a de também combater o fascismo organizado em nosso próprio país com toda nossa força e derrotá-lo em toda parte.

Eu delineei o desenvolvimento do fascismo na Itália de forma bem geral – embora não geral o suficiente – por encontrar-se maduro, claramente definido e formado diante de nossos olhos. Os camaradas italianos completarão minhas considerações. Não descreverei o fascismo em outros países; isso poderá ser feito pelos delegados de nossos partidos nesses países.

---

ocuparam a região do Ruhr, na Alemanha – o centro de sua produção de aço e carvão – em uma tentativa de extrair reparações de guerra quando a Alemanha não foi capaz de cumprir os termos do Tratado de Versalhes. A ocupação durou até 1925.

Para combater os apelos do fascismo

Na resolução que propus, são delineados vários métodos para empregarmos, várias tarefas que teremos de cumprir, se quisermos triunfar sobre o fascismo. Não discutirei a resolução em detalhes: creio que ela fala por si própria. Gostaria apenas de destacar que essas tarefas seguem duas grandes áreas. Uma delas tem como objetivo superar o fascismo ideológica e politicamente, o que é de enorme importância. Ela demanda, em certa medida, que repensemos ou façamos uma avaliação mais precisa de alguns fenômenos sociais que são peculiares ao fascismo em sua essência. Além disso, exige atividade intensa. Devemos estar atentos quanto a isso, como eu disse no início: o fascismo é um movimento dos famintos, daqueles que estão em sofrimento, dos desiludidos, daqueles que estão sem futuro. Devemos fazer um esforço para nos dirigirmos para as camadas sociais que estão tropeçando em direção ao fascismo e incorporá-las em nossas lutas, ou, pelo menos, neutralizá-las durante elas. Temos que agir com dinâmica e clareza para evitar que elas forneçam tropas para a contrarrevolução burguesa. Na medida em que não consigamos ganhar tais camadas para nosso partido ou nossos ideais, e quando não formos capazes de incorporá-las ao batalhão dos trabalhadores revolucionários em luta, devemos ter sucesso em neutralizá-las, esterilizá-las, ou seja, qual for a palavra que prefiram utilizar. Elas não devem continuar nos ameaçando como guerreiras da burguesia. As bases para nosso sucesso estão presentes nas condições de vida que a dominação de classe da burguesia impõe a essas camadas no atual estágio do desenvolvimento histórico.

Em minha opinião, é de extrema importância que nós impulsionemos resoluta e consistentemente a luta política e ideológica pelos corações das pessoas destas camadas, incluindo a *intelligentsia* burguesa. Precisamos entender que, incontestavelmente, essas massas em número crescente estão buscando uma rota de fuga desta época de agonia e sofrimento. Isso envolve muito mais do que alimentar-lhes o estômago. Elas estão ansiosas por ideais novos e inabaláveis e uma visão de mundo que permita entender a natureza, a sociedade e sua própria vida; uma visão de mundo que não seja uma fórmula infértil, mas que funcione de maneira criativa e construtiva. Não esqueçamos que os bandos violentos fascistas não são compostos inteiramente de rufiões de guerra, mercenários por opção e lumpens venais que têm prazer em atos de terror. Entre eles também encontramos as mais enérgicas forças dessas camadas sociais, aquelas com maior capacidade de desenvolvimento. Devemos ir até elas, com convicção e compreensão de suas condições e de sua inflamada ansiedade, trabalhar entre elas, e mostrar-lhes uma solução que não as faça retroceder, mas, antes, avançar em direção ao comunismo. A grandeza do comunismo como visão de mundo conquistará a simpatia delas para nós.

Às massas!

Em contraste com a Segunda Internacional, a Comintern não é uma Internacional para a elite do proletariado branco da Europa e da América. É uma Internacional para os explorados de todas as raças. Portanto, a partir de agora, o Partido Comunista de cada país não deve ser apenas um combatente de vanguarda dos assalariados no sentido estrito do termo, não apenas o tribuno dos interesses do proletariado envolvido com o trabalho manual, mas também um campeão intelectual dos trabalhadores, um líder de todas as camadas sociais cujos interesses vitais e cuja a ansiedade para atingir uma cultura mais avançada as coloque em crescente contradição com a ordem capitalista. Por isso, eu alegremente dou boas vindas à decisão de nosso plenário de assumir a luta por um governo operário camponês. A nova palavra de ordem não é apenas irrefutavelmente aplicável aos países majoritariamente agrários dos Balcãs, como a Bulgária, a Romênia e outros; também é de grande importância para a Itália, França, Alemanha e, especialmente, para os Estados Unidos da América. Esta palavra de ordem é virtualmente um requisito para a luta pela derrota do fascismo. Ela exige se misturar a amplas camadas dos camponeses explorados e trabalhadores agrícolas para debater a libertação comunista. A tarefa é mostrar para todas as camadas sociais entre as quais o fascismo está recrutando uma massa de seguidores, que nós, os comunistas, defendemos ativamente seus interesses contra a dominação de classe da burguesia.

Há algo mais que devemos fazer. Não devemos nos limitarmos a lutar com e pelas massas apenas com nosso programa político e econômico. É verdade que, as exigências políticas e econômicas forçam seu caminho ao primeiro plano. Mas como nós poderemos oferecer às massas mais do que apenas o direito ao pão? Devemos ao mesmo tempo levar-lhes todo o recheio do comunismo. Se isso for feito, nosso movimento irá fincar raízes em todas as camadas sociais, especialmente entre os intelectuais burgueses, deixados inseguros em seus pensamentos e vontades com os recentes desenvolvimentos históricos, perderam sua visão de mundo sem serem capazes de encontrar uma nova frente ao turbilhão de nossos tempos. Vamos lutar para que não se percam.

Neste mesmo espírito, eu digo: "Às massas!". Mas deixem-me sublinhar uma precondição para o sucesso. Não devemos esquecer as palavras de Goethe: "*Getretener Quark wird breit, nicht stark*"[22]. Nós devemos manter a ideologia comunista em toda a sua força e clareza. Quanto mais nos dirigirmos às massas, mais necessário será ao Partido Comunista que esteja unificado em termos organizacionais e ideológicos. Não podemos nos despejar abundantemente como uma poça e nos dissolver entre elas. Isso nos levaria ao oportunismo, e nossos esforços entre as massas ruiriam em uma derrota humilhante. Se fizermos concessões às "dificuldades de entendimento" das massas – e me refiro tanto as velhas quanto novas massas – então teremos abandonado nossa verdadeira vocação enquanto partido. Perdemos o que é o mais importante para os caminhantes – aquilo que os une: a chama da nova vida social que aquece e ilumina, trazendo esperança e força para a luta.

O que precisamos é reorganizar nossos métodos de agitação e propaganda e nossa literatura de acordo com essas novas tarefas. Se a montanha não vem até Maomé, Maomé não tem outra escolha senão ir até a montanha. Se as novas massas que nós precisamos atrair não vêm até nós, então precisamos encontrá-las e falar-lhes em sua própria língua, uma forma que corresponda à maneira como veem as coisas, sem deixar de lado nem o mínimo de nossa perspectiva comunista. Precisamos de uma literatura especial para a agitação entre os camponeses, uma literatura especial para o funcionalismo público e para a pequena e média burguesia de toda espécie, e também uma literatura voltada ao trabalho entre os intelectuais. Não nos deixemos subestimar o papel que os intelectuais podem jogar não apenas na revolução, mas também após ela. Não esquecemos a sabotagem extraordinariamente nociva feita pelos intelectuais na Rússia após a revo-

[22] Literalmente: "queijo pisado espalha-se, mas não fica forte". Do *Divã oriental-ocidental* de Goethe. Os versos que o seguem esclarecem o que queria dizer o autor: "Martele-o firmemente em um molde forte e ele tomará forma – um tijolo para construção".

lução de Outubro. Nós queremos aprender com as experiências de nossos irmãos russos. É por isso que precisamos entender que a questão sobre se os intelectuais estão conosco ou contra nós está longe de ser desimportante, tanto no momento da revolução, quanto após ela se concretizar.

Autodefesa dos trabalhadores e a frente única

Dessa forma, a luta contra o fascismo nos coloca uma rica gama de novas tarefas. Cada seção própria da Internacional Comunista tem o dever de assumir essas tarefas e executá-las de uma maneira correspondente às condições específicas de seu país. E devemos estar cientes de que superar o fascismo ideológica e politicamente não é suficiente em si para proteger o proletariado em luta da agressividade e da violência de seu inimigo.

De imediato, os trabalhadores tem a necessidade urgente de autodefesa contra o fascismo, e esta defesa contra o terror fascista não deve ser negligenciada nem por um momento. O que se encontra em risco é a segurança pessoal e a própria existência dos trabalhadores; está em jogo a sobrevivência de suas organizações. A autodefesa é a necessidade do momento. Não devemos combater o fascismo da maneira como o fizeram os reformistas na Itália, que imploraram a ele "deixe-me em paz, que o deixarei em paz". Pelo contrário! Combata-se violência com violência. Porém, não violência na forma do terrorismo individual - que fracassará certamente. Mas a violência como o poder da luta de classe revolucionária do proletariado.

Aqui na Alemanha nós demos início em direção à organização da autodefesa da classe trabalhadora contra o fascismo com a formação de destacamentos fabris[23]. Essas unidades de autode-

[23] Uma referência à *Proletarische Hundertschaften* (algumas vezes traduzida

fesa precisam ser expandidas e copiadas em outros países como uma base para o sucesso internacional contra o fascismo.

Mas a luta e a autodefesa proletárias contra o fascismo necessitam de uma frente única proletária. O fascismo não questiona se o operário na fábrica tem a alma pintada das cores azul e branco da Baviera; ou se é inspirado pelas cores vermelho, preto e dourado da república burguesa; ou pelo estandarte vermelho com a foice e o martelo. Ele não questiona se o trabalhador quer restaurar a dinastia Wittelsbach da Baviera, se é um fã entusiasmado de Frederich Ebert, ou se preferiria ver nosso amigo Brandler como presidente da República Soviética da Alemanha. Tudo o que importa ao fascismo é que ele se defronte com um proletário com consciência de classe, e então eles o atacam até que esteja no chão. Esse é o motivo pelo qual os trabalhadores devem se unir para a luta sem distinções de filiação partidária ou sindical.

A autodefesa proletária contra o fascismo é uma das mais intensas ações que nos levam ao estabelecimento e fortalecimento da frente única proletária. Sem a frente única é impossível para o proletariado exercer sua autodefesa de maneira bem sucedida. É, portanto, necessário ampliar nossa agitação nas fábricas e aprofundá-la. Os nossos esforços devem superar sobretudo a indiferença e a falta de consciência e solidariedade de classe nos corações dos trabalhadores que dizem: "Deixe que os outros lutem e se mexam; não é da minha conta". Nós devemos martelar em todo trabalhador a convicção de que isso é de sua conta. "Não me deixem de fora. Eu preciso estar lá. A vitória é possível".

---

como "centenas proletárias"), que eram milícias de trabalhadores para autodefesa contra ataques e assassinatos paramilitares da direita. Elas foram organizadas a princípio por iniciativa de um movimento de conselhos de fábricas na Alemanha Central, em fevereiro de 1923. O Partido Comunista da Alemanha buscou constituí-los em um movimento de frente única nacional que pudesse ser também utilizado na luta revolucionária pelo poder. Por volta de maio de 1923, dezenas de milhares de trabalhadores estavam em suas fileiras.

Cada proletário deve sentir-se mais do que um simples escravo assalariado, um joguete ao sabor dos ventos e tempestades do capitalismo e dos poderes estabelecidos. Os proletários devem se sentir e se compreender como membros de uma classe revolucionária, que reconstituirá o velho Estado dos proprietários em um novo Estado sob o sistema soviético. Apenas quando incitarmos a consciência de classe revolucionária em cada trabalhador e acendermos a chama da determinação de classe, só então obteremos sucesso em preparar e realizar a necessária derrubada militar do fascismo. Independente de quão terrível possa ser temporariamente a ofensiva do capital global contra o proletariado internacional, independente de quão forte seja a sua ira, a luta do proletariado terminará por abrir o caminho para a sua vitória. Apesar do fascismo, vemos que a economia capitalista, o Estado burguês e sua dominação de classe chegaram a seu limite. Os sintomas da decadência fascista e da desintegração no interior da sociedade burguesa anunciam sonora e pungentemente que nossa vitória está a caminho, dado que o proletariado lute com conhecimento e vontade em uma frente única. É isso o que deve acontecer!

Para além do caos das condições presentes, o proletariado retomará sua forma gigante com o grito: "Eu tenho a vontade! Eu tenho o poder! Eu sou a luta e a vitória! O futuro a mim pertence!".

Resolução sobre o fascismo

Esta resolução, de autoria de Clara Zetkin, foi adotada em 23 de junho de 1923, pelo III Pleno Ampliado do Comitê Executivo da Internacional Comunista.

O fascismo é sintoma característico de decadência deste período, uma expressão da dissolução da economia capitalista que está em andamento e da decomposição do Estado burguês.

O fascismo está enraizado, sobretudo, no impacto da guerra imperialista e da elevada e acelerada desarticulação da economia capitalista por ela causada, sobre amplas camadas da pequena e média burguesia, dos pequenos camponeses e da "*intelligentsia*". Esse processo arruinou as esperanças dessas camadas ao demolir suas condições de vida anteriores e o grau de segurança do qual gozavam até então. Muitos estão ainda desiludidos no que diz respeito às suas vagas expectativas de profundas melhorias sociais a serem promovidas pelo socialismo reformista.

Os líderes reformistas dos partidos e sindicatos traíram a revolução, capitularam ao capitalismo e formaram uma coalização com a burguesia no intuito de restaurar a dominação e exploração de classe como no passado. Fizeram tudo isso sob o estandarte da "democracia". Como resultado, esse tipo de "simpatizante" do proletariado foi levado a duvidar do socialismo em si e de sua capacidade de emancipar e renovar a sociedade. A imensa maioria do proletariado de fora da Rússia soviética tolerou essa traição com um medo apático frente à luta e se submeteu à sua própria exploração e escravidão. Entre as camadas em efervescência no interior da pequena e média burguesia e da intelectualidade, isso despedaçou qualquer confiança na classe trabalhadora como um poderoso sujeito de uma radical transformação social. A eles se juntaram muitas forças proletárias que buscavam e demandavam por ações e estão insatisfeitas com a conduta de todos os partidos políticos. Além disso, o fascismo atraiu uma camada social, os ex-oficiais, que perderam suas carreiras ao fim da guerra. Agora, sem qualquer renda, eles estavam desiludidos, desarraigados, arrancados de suas raízes de classe. Isso é especialmente verdadeiro quando se trata das Potencias Centrais derrotados na primeira guerra [Alemanha e Austro-Hungria], nos quais os fascismo assume uma forte coloração antirrepublicana.

Sem entendimento histórico, nem educação política, os bandos fascistas, socialmente heterogêneos e apressadamente reunidos, esperam que tudo seja corrigido pelo Estado que é sua própria criação e ferramenta. Supostamente se elevando acima das classes e partidos, este Estado executaria seu programa confuso e contraditório, seja em acordo ou desacordo com a legalidade burguesa, seja através da "democracia" ou por meio de um ditador.

No período de efervescência revolucionária e insurreição do proletariado, o fascismo flertou em algum grau com as reivindicações do proletariado revolucionário.

As massas que seguiam o fascismo vacilaram entre os dois exércitos que expressam a principal contradição entre classes e a luta entre elas no plano global da história. No entanto, após o capitalismo ter sido reafirmado e a burguesia retomar uma ofensiva geral, o fascismo posicionou-se firmemente ao lado da burguesia, um compromisso mantido por seus líderes desde o início.

A burguesia não se demorou em recrutar os serviços do fascismo e utilizá-lo em sua luta para abater e escravizar permanentemente o proletariado. Na medida em que a desarticulação da economia capitalista se alonga e aprofunda, o fardo e o sofrimento que se impõe ao proletariado torna-se mais intolerável. Da mesma forma, a proteção contra a pressão das massas trabalhadoras oferecida à ordem burguesa pelos sermões reformistas acerca da paz social da colaboração democrática entre classes se torna gradativamente menos efetiva. A burguesia necessita força agressiva para se defender da classe trabalhadora. O antiquado e supostamente "apolítico" aparato repressivo do Estado burguês não lhe traz mais segurança suficiente. A burguesia passa a criar bandos especiais para a luta de classes contra o proletariado. O fascismo fornece tais tropas. Apesar do fascismo ter correntes revolucionárias relacionadas com suas origens e das forças que o apoiam – correntes que poderiam voltar-se contra o capitalismo e seu Estado – ele mesmo assim desenvolve-se em uma força perigosa pela contrarrevolução. Isso é claramente demonstrado no país onde ele triunfou: a Itália.

O fascismo evidentemente apresentará características diferentes em cada país, surgindo a partir das circunstâncias históricas dadas. Mas, em todos os lugares, ele consiste em um amálgama de violência terrorista e brutal unida a uma fraseologia revolucionária enganadora que se liga demagogicamente com as necessidades e os ânimos de largas massas de produtores. Até o momento, sua expressão mais madura foi atingida na Itália. Ali, a passividade do Partido Socialista e dos dirigentes sindicais reformistas abriram todas as portas para ele. E sua linguagem revolucionária conquistou o apoio de muitas forças proletárias, que tornaram a sua vitória possível.

O desenvolvimento do fascismo na Itália expressa a inabilidade do partido e dos sindicatos em utilizar as ocupações de fábricas de 1920 para elevar a luta de classe proletária. A vitória fascista obstrui violentamente qualquer movimento dos trabalhadores, mesmo aqueles por reivindicações salariais simples e não-políticas. A vitória fascista na Itália incentiva a burguesia de outros países a imobilizar o proletariado de maneira semelhante. A classe trabalhadora de todo o mundo está ameaçada a ter o mesmo destino de seus irmãos italianos.

Contudo, o desenvolvimento do fascismo na Itália também apresenta algo próprio. O fascismo tem um caráter contraditório e carrega os fortes elementos de sua desarticulação e dissolução ideológica e política dentro de si. Seu objetivo é reformar o velho Estado "democrático" burguês, transformando-o em um Estado fascista baseado na violência. Ele desencadeia conflitos entre a velha burocracia já estabelecida e a nova de tipo fascista; entre o exército permanente com seu corpo de oficiais e a nova milícia com seus líderes; entre as políticas violentas dos fascistas para a economia e o Estado e os remanescentes burgueses liberais e democráticos; entre os monarquistas e os republicanos; entre os verdadeiros fascistas (os camisas negras) e os nacionalistas recrutados ao partido e sua milícia; entre o programa original do fascismo, o qual enganou as massas e conquistou a vitória, e as políticas fascistas do presente, que serviram aos interesses dos capitalistas industriais e, sobretudo, da indústria pesada, que foi sustentada artificialmente.

O que sustenta a esses e outros conflitos, todavia, são conflitos econômicos e sociais insuperáveis e irreconciliáveis entre diferentes camadas sociais capitalistas: entre a grande burguesia e a pequena e média burguesia, assim como os pequenos camponeses e a *intelligentsia*. E impondo-se sobre todos, encontra-se o maior de todos os conflitos econômicos e sociais: o conflito de classes entre burguesia e proletariado.

Os conflitos apontados já encontraram expressão na falência ideológica do fascismo, através da contradição entre o seu programa e a maneira como ele foi executado. A resolução desses conflitos pode ser contida temporariamente por bandos armados organizados e pelo terror sem limites. No entanto, esses embates terminaram por encontrar sua expressão nas forças armadas e esmagarão o fascismo.

A vanguarda revolucionária do proletariado não pode contemplar passivamente a desintegração do fascismo. Ao contrário, seu dever histórico consiste em precipitar e promover esse processo consciente e ativamente. O fascismo agrupa forças revolucionárias confusas e inconscientes, que devem ser levadas a se unir à luta de classe proletária contra a dominação e a exploração violenta da burguesia. A derrota militar do fascismo precisa ser preparada por sua superação ideológica e política.

A vanguarda revolucionária consciente da classe trabalhadora têm a tarefa de tomar para si a luta contra o fascismo vitorioso na Itália e o fascismo que começa a tomar forma em todo o mundo. Ela deve desarmar e sobrepujar o fascismo politicamente e organizar a autodefesa dos trabalhadores contra as suas ações violentas com intensidade e efetividade. Uma estrutura especial para dirigir esta luta deve ser formada em todos os países, constituída pelos partidos e organizações dos trabalhadores, quaisquer que sejam seus pontos de vista.

Com este fim, são propostas as seguintes tarefas:

1 – Reunir informações sobre o movimento fascista de todos os países.

2 – Educação metódica da classe trabalhadora sobre o caráter de classe hostil do movimento fascista realizada por meio de artigos na imprensa, panfletos, cartazes, assembleias etc.

3 – Educação metódica das massas recém-proletarizadas, ou ameaçadas pela inevitável proletarização, a respeito de sua condição e o papel do fascismo de assistente do capitalismo de grande escala;

4 – Organização de lutas defensivas da classe trabalhadora através da formação e do armamento de contingentes de autodefesa. Dado que os fascistas concentram-se em fazer propaganda entre a juventude e que a juventude trabalhadora deve ser atraída à frente única, jovens maiores de dezessete anos devem estar agrupados nos mesmos contingentes combatentes, baseados em unidades fabris. Comissões de controle dos trabalhadores devem ser organizadas para impedir o transporte dos bandos fascistas e de suas armas. As tentativas fascistas de aterrorizar os trabalhadores e impedir qualquer expressão de sua atividade de classe devem ser impiedosamente derrubadas.

5 – Trabalhadores de todas as opiniões devem ser atraídos para esta luta. Todos os partidos, sindicatos e organizações de massa proletárias devem ser convocadas para se engajar na defesa comum contra o fascismo.

6 – É necessária uma luta contra o fascismo no parlamento e em todas as instituições públicas. Deve ser empregada uma forte ênfase na natureza imperialista e arqui-chauvinista do fascismo, que elevam os riscos de novas guerras internacionais.

II

As forças fascistas estão se organizando internacionalmente, e a luta dos trabalhadores contra o fascismo também deve ser organizada em escala mundial. Para este fim, um comitê internacional dos trabalhadores precisa ser criado. A sua tarefa é trocar experiências e organizar ações internacionais, sobretudo contra o fascismo italiano e seus representantes no estrangeiro. Esta luta inclui as medidas que seguem:

1 – Uma campanha de educação internacional realizada através de jornais, panfletos, cartazes e comícios sobre a total hostilidade da direção do fascismo italiano em relação aos trabalhadores e a sistemática destruição de todas as suas organizações e instituições.

2 – A organização de massivos comícios e manifestações internacionais contra o fascismo e contra os representantes do fascismo italiano no estrangeiro.

3 – A luta parlamentar. Exigir do parlamento, frações parlamentares dos trabalhadores e organizações internacionais dos trabalhadores que enviem comissões para a Itália com a função de averiguar as condições da classe trabalhadora no país.

4 – Lutar pela imediata libertação de trabalhadores comunistas, socialistas ou sem partido detidos ou encarcerados.

5 – Organização de um boicote internacional de todos os trabalhadores contra a Itália. Recusar-se a enviar carvão para a Itália. Todos os trabalhadores dos transportes devem se recusar a carregar e transportar bens para a Itália ou oriundos dela, e assim por diante. Para esse fim, criar um comitê internacional de mi-

neiros, marinheiros, ferroviários e trabalhadores do transporte de todos os ramos.

6 – Apoio material e moral para a perseguida classe trabalhadora italiana por meio de coleta de fundos, acomodação de refugiados, apoio para seu trabalho no estrangeiro, etc. Expandir o Socorro Vermelho Internacional para realizar esse trabalho[24]. Envolver as cooperativas de trabalhadores neste trabalho de assistência.

Deve ser trazido à atenção dos trabalhadores que o destino da classe trabalhadora italiana também será o seu, a não ser que o fluxo das forças com menor consciência de classe rumo ao fascismo seja bloqueado por uma vigorosa luta revolucionária contra a classe dominante. As organizações dos trabalhadores, portanto, devem demonstrar grande energia em sua ofensiva contra o capitalismo, na proteção das amplas massas de produtores contra a exploração, a opressão e a usura. Dessa maneira, elas irão contrapor a real luta de massas organizada contra as palavras de ordem revolucionárias falsas e demagógicas do fascismo. Além disso, elas devem derrubar as primeiras tentativas de organização do fascismo em seus próprios países, lembrando que o fascismo na Itália e internacionalmente pode ser melhor resistido através de intensa luta contra ele no seu próprio país.

[24] O Socorro Vermelho Internacional, estabelecido pela Comintern ao fim de 1922, defendia prisioneiros de guerra membros da classe trabalhadora ao redor do mundo. Clara Zetkin assumiu a sua presidência a partir de 1925.

Apêndice A

A Conferência de Frankfurt contra o fascismo

Por Demian Melo[25]

Um pouco antes do III Pleno Ampliado do Comitê Executivo da Internacional Comunista em junho de 1923, Clara Zetkin foi figura central na Conferência Antifascista de Frankfurt, dando origem ao Comitê Internacional de Ação Contra a Guerra e o Fascismo, ocorrido em março. A conferencia foi iniciada pelos comitês de fábrica da Renânia-Vestfália, que chamou todas as organizações da classe trabalhadora a participar.[26]

---

[25] Professor de História Contemporânea na Universidade Federal Fluminense (UFF), Demian Bezerra de Melo é autor e organizador de livros críticos a historiografia revisionista. Atualmente se dedica ao estudo da ascensão do conservadorismo no Brasil, principalmente no que diz respeito ao pensamento político, seus veículos de difusão e impregnação no ambiente cultural, assim como seu impacto na formulação de políticas públicas.

[26] Dos quase duzentos e cinquenta delegados incluíram representantes da Alemanha, França, Itália, Grã-Bretanha, União Soviética, Holanda, Tchecoslováquia, Polônia, Áustria, Bulgária, Índia e Suíça. Embora as direções do Partido Social-Democrata da Alemanha e do Partido Social-Democrata Independente da Alemanha se recusaram participar, vinte e nove representantes de unidades locais desses partidos estiveram presentes.

O debate ocorria num contexto de reorientação política da Internacional Comunista diante do refluxo da brecha revolucionária mundial aberta desde 1917, mas revertida com a derrota da Revolução Alemã. Ao mesmo tempo, o contexto de 1923 foi de acirramento das contradições da crise alemã, com a ocupação do vale do Ruhr em janeiro por tropas francesas e belgas; uma humilhação ao povo alemão já castigado pela guerra imperialista e pelo Tratado de Versalhes.

A percepção de que se tratava de um fenômeno internacional, e não um particularismo italiano, antes mesmo que Hitler tentasse o golpe na Alemanha, foi destacado com a intervenção de Clara Zetkin. Elaboração coletiva, e ela certamente esteve em contato com revolucionários italianos como Antonio Gramsci, que desde de junho de 1922 participava do Executivo da Internacional Comunista, e que chegou a dividir um apartamento com a própria Zetkin.[27]

O informe do III Pleno Ampliado, assim como a nota da Conferência de Frankfurt, escritos por Clara Zetkin e publicadas nesta compilação, figuram como documentos históricos da elaboração dos comunistas contra o fascismo; de aplicação do método marxista para o entendimento de um dos fenômenos políticos mais importantes da história do século XX. Embora tenha se omitido em polêmicas no âmbito da Internacional no contexto da ascensão de Stalin, Clara Zetkin se opôs a linha adotada a partir de 1928, sendo "uma das poucas no partido [comunista

[27] De acordo com Peter D. Thomas, Gramsci desenvolveu em Moscou naqueles meses seu trabalho sobre a "questão italiana" assim como outras investigações. Ver *"A virada de Moscou": o diálogo entre Gramsci e os bolcheviques,* (Thomas, 2018) n. 30 e *Caterina. I primi mesi di Gramsci in Russia* (Carlucci & Balestreri, 2011) ano LXVI, n.396, p.647.

alemão] a alertar para esse catastrófico erro, mas seu isolamento político falou mais alto."[28]

Ao término da reunião, a conferência de Frankfurt elegeu um Comitê Internacional de Ação Contra a Guerra e o Fascismo de vinte e um membros, liderado por Zetkin e o escritor e comunista francês Henri Barbusse. Abaixo, está o relato abreviado sobre o informe de Zetkin para a conferência, publicado na época pela imprensa da Comintern, assim como a resolução adotada sobre a luta contra o fascismo.

***

Informe sobre o fascismo

A ocupação na região do Ruhr alastrou as chamas do fascismo, que ameaça todos trabalhadores independente se estiverem nas fileiras das inofensivas organizações sociais-democratas ou nas comunistas de tão má reputação. O fascismo significa perigo de que o proletariado internacional seja conduzido para uma nova guerra mundial, ainda maior e mais selvagem em extensão do que toda a barbárie, infâmia e crime experimentado durante a Primeira Guerra Mundial. Mas ainda, para além disso, as palavras de ordem nacionalistas dos fascistas dividem e paralisam a classe trabalhadora. Dessa maneira, ela ameaça destruir o proletariado internacional combatente, o único poder capaz de derrotar não apenas os gigantes da indústria de mineração e aço da França, mas também os magnatas do carvão e das finanças da Alemanha e de todo o mundo.

[28] Rejane C. Hoeveler, *A revolução* bolchevique no olhar de Clara Zetkin. (São Paulo: Margem Esquerda: 2017), v.28 p.55.

Para levar essa luta até a vitória, é necessário compreender claramente a natureza do fascismo. Alguns camaradas o julgam de jeito simplista, considerando-o apenas um fenômeno do terror branco, uma expressão das forças bélicas da burguesia. Apesar das semelhanças superficiais entre o terror de Horthy e o fascismo, são fenômenos diversos em essência. O terror branco na Hungria surge como uma consequência da tentativa do proletariado húngaro em derrubar o capitalismo através da construção de uma república de conselhos. Após a revolução ser esmagada, ume pequeno estrato de *Junkers* e militaristas estabeleceram sua tirania nesse país predominantemente agrário. O fascismo nos modernos Estados industriais é completamente diferente. Ele toma a forma de um movimento de massas de ampla base, composta não apenas da pequena-burguesia e de pequenos camponeses, mas também de forças proletárias não esclarecidas.

O fascismo é a expressão da decadência econômica do capitalismo e da desintegração do Estado burguês.

Como o fascismo conseguiu se transformar em um movimento de massas vitorioso sobre o movimento dos trabalhadores na Itália? Isso apenas foi possível pela decomposição da sociedade burguesa. Setores grandes da pequena-burguesia e dos intelectuais perderam suas condições de vida anteriores à guerra: não foram apenas proletarizadas, foram pauperizadas. A economia burguesa não foi capaz de assegurar a existência dessas camadas no proletariado, empurrando-as ao lumpemproletariado. A esses podemos adicionar os funcionários do setor público, cuja existência não pode ser assegurada por um Estado ameaçado de falência. Antes os mais sólidos apoiadores do Estado burguês, parte deles é agora indiferente, enquanto a outra parte é hostil ao governo burguês. Mas os slogans fascistas estão ganhando apoio entre muitos que antigamente depositavam sua confiança nos slogans socialistas. Por falta de formação, instintivamente parecem em oposição ao grande capital e prometendo melhorias através da domesticação do capitalismo pela via da democracia. Esta ilusão gerou indignação nos partidos reformistas porque hoje até mesmo as reformas no interior da sociedade burguesa só podem ser alcançadas através da luta revolucionária de classes. A esse grupo se juntou diversos militares de baixa patente, excedentes criados durante a guerra. As organizações fascistas estão se moldando como um *refúgio dos politicamente desabrigados.*

Isso se expressa em seu programa político. O atual Estado deve ser substituído por um tipo de entidade neutra que está acima dos partidos e das classes. O programa varia não apenas de país a país, mas mesmo no interior deles. Não é apenas o desastre trazido pela derrota na guerra, como na Alemanha, que prepara o solo para o fascismo. Isso está provado no triunfo do fascismo na Itália. Mussolini fundou suas primeiras organizações em março de 1919, com um programa explicitamente republicano, o qual fez as mais finas promessas para a burguesia e a pequena-burguesia, assim como para os trabalhadores e a população do campo. Na realidade, apenas um ponto do programa foi mantido desde o primeiro dia até agora: *a mais profunda hostilidade às organizações socialistas dos trabalhadores.*

O primeiro-ministro italiano Giolitti, de quem naquela época Mussolini exigiu a decapitação, poderia ter domesticado o movimento facilmente, mas preferiu colocá-lo a serviço da burguesia. Os elementos agrários que inundaram o campo fascista sabiam que precisavam tomar uma posição firme em relação ao republicanismo de Mussolini. O antagonismo entre os capitais agrário e industrial, o primeiro desejando antigas relações sociais de servidão, enquanto o segundo almeja estabelecer um moderno Estado industrial, continua no interior do partido até hoje. Foi, em primeiro lugar, devido aos efeitos da crise econômica que as organizações fascistas puderam crescer a tal tamanho, ainda que, em maio de 1920, tenham acumulado apenas 4.000 votos em Milão, seu bastião. Expedições punitivas foram organizadas; sedes de sindicatos e cooperativas foram incendiadas até virarem pó; dirigentes do movimento dos trabalhadores foram assassinados. Estima-se que o número de fascistas seja agora de meio milhão, sendo que a força de suas unidades militares ao tomaram o poder era de cerca de 300 mil. Além disso, foram criadas associações cooperativas nacionais que rejeitam a luta de classes, organizações econômicas juntando trabalhadores, empregadores e funcionários intermediários de todo tipo em um ramo específico de trabalho. Mussolini avançou em suas tentativas de corromper até o fim os sindicatos "livres" *oferecendo participação no governo.*

A vergonhosa oferta não obteve sucesso, embora não por qualquer mérito dos sindicatos, mas por conta da resistência imposta pelos financiadores industriais e agrários dos fascistas.

Tudo isso foi possível unicamente porque o Partido Socialista Italiano não entendeu que ele precisava reunir as massas trabalhadoras em uma força sólida e coesa para a luta. Ao invés de combater força com força, o partido desejou dominar o fascismo com sermões morais e doces melodias. Apreender as lições do exemplo italiano é uma necessidade central para os trabalhadores de todos os países: *Não pode haver qualquer hesitação, nenhum recuo. Precisamos tomar a luta contra o fascismo com vigor desde o primeiro momento.*

O fascismo italiano já estende sua rede à Alemanha. Possui uma organização em Berlim. As gangues de Hitler, que reinam na Baviera, já começam a transformá-la em um Estado fascista. De que outra forma o vergonhoso tratamento de presos políticos pode ser descrito, se não como terror fascista? Ainda que na Baviera o programa fascista esgote-se na frase "porrada nos judeus", o programa das organizações no norte da Alemanha está cheio de frases pseudo-revolucionárias, porem sem medidas concretas para sua implementação e toda revestida da armadura metálica do ethos nacional.

Precisamos nos chocar com essa ideologia nacional explicitamente. Ainda defendemos as palavras "o proletariado não possui pátria", porque tudo o que poderia constituir uma pátria, até mesmo a própria luz do sol, é extraído pela exploração capitalista. Mesmo assim, o proletariado está ligado à riqueza material e cultural produzida por muitas gerações, sendo apenas ela quem pode transferir as próximas gerações. Esse é o motivo pelo qual o proletariado criará sua pátria através de seus próprios esforços, através da construção de seu governo e da constituição de si como uma nação.

É hora de chegar a conclusões práticas. Comitês constituídos de todos os partidos proletários precisam ser organizados para a luta sistemática contra o fascismo em todos os países. Mas a primeira regra deve ser: *autodefesa dos trabalhadores, para combater força com força.*

Devemos assumir a organização dos grupos de autodefesa nas fábricas, de comitês de controle para supervisionar e impedir o transporte de armas e tropas. O armamento dos trabalhadores é importante não apenas para lutar contra o fascismo, mas também para o conflito contra o capitalismo como um todo. O clamor da imprensa burguesa mostra que eles entenderam isso perfeitamente: *Armas nas mãos da classe trabalhadora significa o desarmamento, a dominação da burguesia.*

No intuito de combater o fascismo internacionalmente, sobretudo o governo fascista da Itália, precisamos de um *comitê de ação internacional.* Ele deve reunir material e conduzir a propaganda; além disso, deve tomar a luta pela imediata libertação de todos os combatentes revolucionários atirados à prisão pelos fascistas. Nas últimas semanas, aproximadamente oito mil trabalhadores foram colocados atrás das grades. Aqui também o comitê internacional deve completar o trabalho iniciado pelos comitês nacionais, explicitamente: *o boicote à Itália fascista.*

O mais importante será impedir importações da Grã-Bretanha e dos Estados Unidos, sem as quais a Itália não pode se segurar. A maneira mais efetiva de combater o fascismo na Itália, contudo, foi e continua a ser o combate ao fascismo em cada país individual. Para tal objetivo, os trabalhadores devem unir forças para entrar na batalha em todos os lugares. Na Rússia, o proletariado emergiu sobre todos os horrores do terror branco, derrotando a todos os seus inimigos. Isso o fez por possuir a fé capaz de mover montanhas, a fé em seu próprio poder. Os proletários alemães também devem agarrar-se firmemente à sua fé. Apenas dessa forma ele encontrará a força para lutar e vencer. (*Aplausos entusiasmados*)

Breves observações

A relativa estabilidade do Estado burguês na França se dá devido ao baixo nível de desenvolvimento do capitalismo francês, que ainda não levou os antagonismos de classe aos seus extremos. A projeção imperialista da França sobre a Europa mudaria isso. A conferência não pode concordar inteiramente com as sugestões do camarada italiano [Combiancchi]. Não devemos substituir o marxismo pelo princípio bíblico "olho por olho, dente por dente". O terrorismo individual não é capaz de contribuir ao desenvolvimento da autoconfiança dos trabalhadores. Nossa arma mais efetiva é a luta de massas organizada. Não devemos apenas derrubar o fascismo com força, devemos derrotá-lo politicamente. Vamos continuar em nossa luta contra a ofensiva geral do capital, contra o terror fascista, pela construção de um governo dos trabalhadores, e além disto, da ditadura do proletariado, a única que pode garantir que o proletariado estará livre de todas as formas de contrarrevolução. (*Intensos aplausos*)[29]

***

Resolução sobre a luta contra o fascismo

Uma tarefa a mais está colocada à classe trabalhadora, combater o fascismo vitorioso na Itália, e o fascismo que está se organizando em todo o mundo. Ela deve superar o fascismo politicamente e organizar meios efetivos de autodefesa contra a violência fascista. Para isto, as seguintes medidas devem ser adotadas:

1 – Organizações e partidos operários de todas as tendências deverão formar um organismo especifico em cada país para dirigir a luta contra o fascismo. As tarefas destes organismos são as seguintes:

(a) Reunir fatos sobre o movimento fascista em seus próprios países.

(b) Educação sistemática da classe trabalhadora em relação ao caráter de classe hostil do movimento fascista, por meio de artigos na imprensa, panfletos, cartazes, reuniões etc.

---

[29] O termo "ditadura do proletariado" significa o domínio democrático do povo trabalhador impondo sua vontade contra a resistência violenta da classe exploradora.

(c) Organização da autodefesa entre a classe trabalhadora pelo recrutamento e equipamento de tropas de autodefesa. Organizar comitês de controle dos trabalhadores para impedir o transporte de bandos fascistas e de suas armas. Forte supressão de todas as tentativas fascistas de aterrorizar os trabalhadores e frear a expressão de sua vontade de classe.

(d) Inclusão de todos os trabalhadores, independente de partido, nesta luta. Apelar a todos os partidos operários, sindicatos e todas as organizações de massa proletárias, para aderir à luta de defesa contra o fascismo.

(e) Combater o fascismo no parlamento e em todas as entidades públicas.

(f) Atenção especial à educação antifascista entre a juventude trabalhadora, fileiras de onde o fascismo alista a maioria de seus recrutas. As organizações de juventude revolucionária deverão participar de todas as atividades de organizações proletárias de autodefesa.

2 – As forças do fascismo estão organizadas internacionalmente. É, portanto, indispensável que a luta contra o fascismo também o seja. Para esse propósito, um comitê internacional dos trabalhadores deve ser constituído. Além de servir como um veículo de troca de experiências, tal comitê estará dedicado à organização da luta internacional, a ser conduzida principalmente contra o fascismo italiano. Os principais elementos desta luta são:

(a) Uma campanha internacional de esclarecimento através de jornais, panfletos, ilustrações, comícios etc. mostrando o caráter absolutamente anti-classe trabalhadora do governo fascista da Itália e a sistemática destruição de organizações e instituições operárias pelo fascismo.

(b) A organização de comícios e manifestações de massa internacionais contra o fascismo, contra os representantes do Estado fascista italiano no estrangeiro, etc.

(c) Utilização dos parlamentos: apelos aos parlamentos, especialmente suas frações operárias, e para organizações operárias internacionais, para que enviem comissões à Itália para averiguar a situação da classe trabalhadora.

(d) Luta pela imediata libertação de todos os lutadores revolucionários proletários presos.

3 - Apoio material e moral para a classe trabalhadora perseguida da Itália através da coleta de dinheiro, a busca de lares para refugiados, ajuda a seu trabalho no exterior, etc. O Socorro Vermelho Internacional deve ser melhor direcionado com este fim. Deve-se pedir também às cooperativas dos trabalhadores por ajuda.

(a) O comitê de ação internacional tem como tarefa considerar todas as possibilidades de boicote moral, político e material ao governo fascista.

(b) A conferência delega ao comitê de ação internacional comunicar-se com o "Comitê Internacional Provisório para o Combate ao Fascismo", e com as organizações constituídas por este, com o propósito de estabelecer um comitê permanente.

É preciso martelar nas mentes de todos os trabalhadores que o destino da classe trabalhadora italiana será o seu próprio, caso não realizem uma forte luta revolucionária contra a classe dominante para evitar que seus elementos com menor consciência de classe sejam recrutados pelo fascismo. Organizações do trabalho devem avançar contra o capital com força máxima, pela proteção das amplas massas do povo trabalhador contra a exploração, opressão e extorsão. Elas devem opor aos demagógicos lemas pseudo-revolucionários do fascismo uma luta de massas organizada de maneira eficiente. Além disto, devem esmagar com todo seu poder as primeiras tentativas de organização fascista em seus próprios países.

Apêndice B

O apelo de Clara Zetkin por uma frente única contra o fascismo

Por John Riddell

Doze meses após a adoção do informe e da resolução sobre o fascismo, de autoria de Clara Zetkin, esta posição foi derrubada pelo V Congresso Mundial da Comintern, acontecido entre junho e julho de 1924.

Durante os cinco anos que se seguiram, na medida em que a Internacional caiu gradativamente sob o domínio do aparato burocrático mantido por Josef Stalin, sua visão acerca do fascismo e da frente única foi alterada várias vezes, sem nunca voltar completamente à posição de 1923. Então, em 1928, a Comintern abraçou um posicionamento sectário, oposto por princípio à unidade antifascista de qualquer tipo com a social-democracia e outras correntes não comunistas do movimento dos trabalhadores, os quais classificaram como "social-fascistas". Essa recusa, combinada com a rejeição à unidade de ação por parte dos dirigentes do Partido Social-Democrata da Alemanha (SPD), abriu as portas para que Hitler ascendesse ao poder na Alemanha em janeiro de 1933.

Embora doente e quase sem mais poder enxergar, Clara Zetkin permaneceu ativa na Comintern durante esses anos. Os dirigentes da Internacional impediram-lhe de expressar abertamente suas concepções sobre o fascismo e a frente única. Mesmo assim, ela encontrou maneiras de indicar seus desacordos com essas questões. Em agosto de 1932, ela conseguiu expressar a essência de seu informe de 1923 sobre o fascismo em um discurso para o *Reichstag* (parlamento) alemão. Quando faleceu, um ano depois, aos 75 anos, era uma das poucas figuras da Internacional Comunista que ainda tentava dar continuidade as bases da Comintern dirigida por Lenin.

Reviravolta na unidade dos trabalhadores

Em seu informe de abertura para o V Congresso da Comintern, em 1924, seu presidente, Gregory Zinoviev, abandonou a análise de Zetkin sobre a natureza e a dinâmica do fascismo alegando que a social-democracia era, em si, estreitamente vinculada a este movimento anti classe trabalhadora. "O Partido Social-Democrata tornou-se uma ala do fascismo", declarou. "Os fascistas são a mão direita, enquanto os sociais-democratas são a mão esquerda da burguesia"[30]. Essa posição ultraesquerdista excluiu a possibilidade de uma unidade de ação envolvendo trabalhadores comunistas e sociais-democratas – o exato erro que mutilou a resistência ao fascismo italiano no momento de sua ascensão ao poder em 1921-22.

Zinoviev criticou ainda as tentativas dos partidos comunistas em promover a causa da unidade de ação dos trabalhadores através das exigências e, quando apropriado, de negociações com os

[30] *Protokoll Fünfter Kongress der Kommunistischen Internationale* (Hamburgo: Carl Hoym Nachf., 1924), 66-67.

dirigentes sociais-democratas – um método que foi endossado pelo IV Congresso da Comintern em 1922 como um componente necessário da política de frente única. Ele também redefininu o chamado da Comintern por um governo operário e camponês de uma maneira tal que descartou qualquer possibilidade de uma coalizão governamental com os sociais-democratas.

Apesar da oposição de Clara Zetkin e de Karl Radek, outro dirigente central da Comintern, as opiniões de Zinoviev foram adotadas pelo congresso de 1924.

A ascensão do stalinismo

A causa subjacente da mudança na política da Comintern foi a ascensão de uma camada burocrática privilegiada e autocentrada no Partido Comunista da União Soviética (PCUS), que resultou em uma divisão entre frações em sua direção. Em 1923, a Oposição de Esquerda, dirigida por Leon Trotsky, e apoiada por Radek, reavivou a luta antiburocrática iniciada por Lenin em 1922[31]. A atividade política de Lenin foi encurtada por um derrame, em março de 1923; ele faleceu em janeiro de 1924. Enquanto Lenin estava incapacitado, Zinoviev foi parte de um bloco com Lev Kamenev e Josef Stalin para tomar a direção do Partido Comunista e opor-se a Trotsky. Ao final de 1923, Trot-

[31] Do final de 1922 em diante, Lenin inicia uma luta ampla no interior da direção soviética sobre vários problemas, incluindo a questão nacional, a defesa do monopólio do comércio exterior e a aliança com o campesinato. Na raiz de muitas dessas questões estava a crescente burocratização do Partido Comunista, do qual Stalin era o secretário-geral. Para travar esta batalha, Lenin formou um bloco com Trotsky, apelando para que defendesse suas posições comuns sobre tais questões na direção do partido, e propondo que Stalin fosse retirado do posto de secretário-geral.

sky e Radek foram postos de lado em seu papel dirigente central na Comintern[32].

Zinoviev, que inicialmente tinha dúvidas sobre a política de frente única[33], investiu sua autoridade em 1924 na posição ultraesquerdista, particularmente no que diz respeito à Alemanha. Com Lenin morto, Trotsky e Radek retirados de cena, Zetkin sobrou como a única principal defensora da política de frente única na direção da Comintern.

O debate no V Congresso da Internacional Comunista focou-se em delinear um balanço da participação do Partido Comunista da Alemanha (KPD) no levante de massas dos trabalhadores em 1923 na Alemanha: a opinião da direção da Comintern era a de que poderia ter levado a uma revolução proletária vitoriosa. Após meses de luta intensa na Alemanha, a dominação capitalista foi restabelecida ao final do ano, com um recuo inglório do Partido Comunista. O debate sobre as causas dessa derrota atingiu ao partido russo. Trotsky e a Oposição de Esquerda acusaram o Comitê Executivo da Comintern de falhar em ver o potencial revolucionário da situação até que fosse tarde demais. Zinoviev buscou atribuir a responsabilidade aos principais líderes do partido alemão, Heinrich Brandler e August Thalheimer, os quais, tal qual Clara Zetkin, eram fortes defensores de uma ampla unidade de ação contra o fascismo.

---

32 Sobre as posições de Trotsky nesta polêmica conferir seu escrito: *The Third International After Lenin* (Nova York: Pathfinder Press, 1996), parte 2, seção 4, 107-15.

33 Neste informe de junho de 1923 à reunião do Comitê Executivo da Internacional Comunista, Zinoviev admitiu: "Àquele momento, certamente, já tinha discordâncias" sobre a política de frente única. Em Mike Taber ed., *The Communist International at a Crossroad: Plenums of the Communist International Executive Committee, 1922-1923* (Historical Materialism Book, Leiden: Brill, 2017).

Em 1924, o Comitê Executivo da Internacional Comunista, sob Zinoviev, dirigiu seu apoio para a corrente ultraesquerdista na Alemanha, dirigida por Ruth Fischer, e endossou sua retirada das iniciativas de frente única. Enquanto isso, o Executivo da Comintern forçou todos os partidos ao alinhamento com a "*troika*" do partido russo, Zinoviev-Kamenev-Stalin. Zetkin manteve-se em silêncio sobre a disputa russa, recusando-se a endossar a "*troika*", mas pronunciou-se sobre o debate da frente única na Alemanha.

Clara Zetkin no V Congresso

Tanto Zetkin quanto Radek tomaram a palavra durante o V Congresso para opor-se vigorosamente às propostas de Zinoviev de reversão das posições da Comintern sobre a frente única e outras questões. A maior parte do discurso de duas horas de Clara Zetkin foi dedicada à derrota na Alemanha. Enquanto fez fortes críticas à direção do partido alemão, ela também apontou para a responsabilidade do Comitê Executivo da Internacional Comunista e argumentou que a classe trabalhadora alemã não estava pronta para a batalha final pelo poder no outono de 1923.

A última meia hora do discurso de Zetkin tratou da questão da frente única, a principal causa de desacordo sobre o fascismo. A precondição básica para os esforços de frente única, explicou, era a unidade, independência e ligação estreita do Partido Comunista com as massas. Sob estas margens, negociações com os líderes sociais-democratas eram apropriadas em algumas ocasiões – desde que nos reuníssemos com eles "não para trocar elogios", mas para "aumentar a pressão para a ação sobre eles" e ganhar "um alcance ainda maior entre seus apoiadores para nossa causa". Os delegados não deveriam rejeitar essas reuniões de direções por princípio, disse. Deveriam manter firmemente as decisões do IV Congresso (1922) sobre esse ponto e não serem desviados pelas recentes reinterpretações das mesmas[34]. Apesar do seu apelo, o V Congressou endossou as propostas de Zinoviev.

Apesar de agudamente criticada durante o congresso, Clara Zetkin foi ainda publicamente honrada pela Comintern nos anos que se seguiram como um símbolo de intransigência revolucionária. Frequentemente ela redigia saudações ou apelos de natureza cerimonial, mas não lhe foi permitido falar ou escrever publicamente sobre tópicos controversos. O diário *Die Kommunnistische Fraueninternationale* (A Internacional das Mulheres Comunistas), do qual ela era a força motriz, foi fechado em 1925.

Zetkin estava severamente atingida por uma doença no decorrer da última década de vida. Seus longos períodos de tratamento fora de Moscou por vezes serviram, de acordo com sua biógrafa Tânia Puschnerat, como uma forma de quarentena para deixá-la de fora de importantes ocasiões políticas[35].

Defendendo a unidade na luta

Zinoviev rompe com Stalin em 1925 e passa à oposição, unindo-se a Trotsky, Kamenev e Radek na Oposição Unificada no ano seguinte, que enfrentou o sufocante controle burocrático de Stalin na União Soviética e sua recusa a uma perspectiva internacionalista sob a máscara da construção do "socialismo em um só país". A direção de Ruth Fischer no KPD, alinhada a Zinoviev,

---

[34] *Protokoll Fünfter Kongress der Kommunistischen Internationale*, 335-39. Para os registros do IV Congresso, conferir *Toward United Front, Proceedings of the Fourth Congress of the Communist International.*

[35] Tânia Puschnerat, *Clara Zetkin: Bürgerlichkeit und Marxismus* (Essen: Klartext 2003), 296.

foi derrubada ao final de 1926. No entremeio que se segue, Clara Zetkin reconquista uma limitada liberdade de ação na direção da Comintern. Em 1927, ela se torna, novamente, membro do Comitê Central do KPD, sendo removida dois anos depois.

Em outubro de 1927, Zetkin envia ao Comitê Central do KPD uma poderosa defesa da política de frente única que ela ajudou a desenvolver entre 1921 e 1923. Ela convocou o partido a propor um apoio condicional para o governo social-democrata no estado federado de Hamburgo, onde o KPD e o SPD unidos possuíam maioria parlamentar, sobre as bases de um programa acordado com medidas de interesse dos trabalhadores. Sua carta defendeu também a entrada do KPD em um curto governo do SPD-KPD do estado da Saxônia em 1923, que foi profundamente atacado no interior do partido e da Internacional.

"Podemos estar certos de que as grandes massas têm uma visão bastante incorreta do que um tal governo pode alcançar", escreveu ela, "mas essa é a maior razão para exigi-lo". Caso contrário, acreditava, os dirigentes do SPD achariam de toda forma mais fácil recusar-se a governar com o apoio do KPD e, ao invés, formar uma coalizão com partidos abertamente burgueses – seu procedimento padrão durante os anos da República de Weimar na Alemanha, entre os anos de 1919 e 1933[36].

A essa época, Zetkin estava alinhada a Nikolai Bukharin, então presidente da Comintern. Zetkin apoiou Bukharin e as rigorosas represálias de Stalin contra a Oposição Unificada, chegando até mesmo a endossar a expulsão de Trotsky do Partido Comunista em novembro de 1927. Ela não protestou contra as prisões em massa de oposicionistas e suas deportações para a Sibéria. Desta maneira, encorajou as forças burocráticas que em

[36] Para o texto de Clara Zetkin, ver: www.marxists.org/deutsch/archiv/zetkin/1927/10/zkkppd.html.

breve se voltariam contra Bukharin e solidificariam o domínio absoluto de Stalin[37].

Giro ultraesquerdista

Apenas um mês após o apelo de Zetkin pela frente única, uma convenção do Partido Comunista da União Soviética adotou uma importante postura ultraesquerdista em sua política. Conhecida como a linha do "terceiro período", ela estava baseada em um esquema no qual o primeiro período foi o levante revolucionário que se seguiu à Primeira Guerra Mundial; o segundo período foi a estabilização do capitalismo que veio depois; o terceiro período supostamente seria marcado pelo colapso capitalista e pela revolução. O giro serviu para consolidar Stalin desgastando Bukharin ao mesmo tempo em que silenciava indivíduos simpáticos a Trotsky e à Oposição de Esquerda. A nova linha começou a marcha em direção à coletivização forçada da agricultura, à industrialização vertiginosa e a um permanente controle sufocante da burocracia stalinista na União Soviética.

Na Alemanha, essa linha significava reavivar e intensificar as políticas desastrosas do período de Ruth Fischer, incluindo a rejeição às iniciativas de frente única com os sociais-democratas. Stalin fez uma rara aparição à reunião do Comitê Executivo da Internacional Comunista de fevereiro de 1928, com o intuito de castigar a "ala direita" do KPD – isto é, as forças dirigidas por Brandler e associadas a Clara Zetkin – como o maior perigo ao partido. A reunião marcou o fim definitivo da política de frente única na Comintern, bloqueando o caminho para uma aliança de combate antifascista. Uma reunião subsequente à do Comitê Executivo, entre delegados da Alemanha e da União Soviética,

[37] Puschnerat, 305-6

da qual Zetkin foi excluída, definiu a transferência de poder no KPD para forças que aderiam à nova linha de Stalin.

Zetkin expressou sua angústia em uma carta para seu filho, Costia, em março de 1928: "Pergunto a mim mesma, o que fazer... Esta situação me aflinge e atormenta". Ela escreveu ao dirigente do partido alemão Wilhelm Pieck sobre sua oposição a ter tais questões vitais da política partidária "estabelecidas através de acordos entre diferentes partidos", aludindo à interferência do partido soviético sobre a vida interna do KPD[38].

Quando a resolução sobre a Alemanha chegou ao Comitê Executivo da Internacional Comunista para ratificação no mês seguinte, Zetkin votou por sua rejeição solitariamente. Ela escreveu uma carta confidencial para a direção do KPD apresentando suas opiniões, a qual foi, de maneira não explicada, vazada e publicada no ano seguinte em um jornal não-comunista alemão[39].

Nos meses que se seguiram, uma luta fracional por trás das cortinas irrompeu na direção do partido russo, conhecido desde 1925 como Partido Comunista da União Soviética (Bolchevique). A fração de Stalin, compromissada com uma linha ultraesquerdista tanto internacionalmente quanto na União Soviética, confrontou as forças de "oposição de direita" dirigidas por Bukharin.

Em 3 de julho de 1929, o diário moscovita *Pravda* publicou um artigo de Zetkin que apresentou alguns dos temas centrais de seu informe sobre o fascismo de 1923. Ela redigiu o artigo como uma crítica ao esboço de programa preparado para o congresso da Comintern do mês seguinte, do qual o principal autor era Bukharin. Refutando a apresentação esquemática de uma perspectiva de "classe contra classe" presente no esboço, Zetkin

---

[38] Gilbert Badia, *Clara Zetkin, féministe sans frontières* (Paris: Les Éditions ouvrières, 1993), 267-78.

[39] Ibid., 278. Para o texto da carta de Zetkin, ver *Beiträge zur Geschichte der Arbeiterbewegung*, 6 (1991), 787-88.

enfatizou que a Comintern deveria unificar "todo o povo trabalhador, todas as classes e povos oprimidos". Ela lamentava a atenção inadequada do esboço de programa em relação às camadas intermediárias entre o proletariado e a burguesia, especialmente aquelas com maior nível educacional ("intelectuais"). Também era negligenciado, afirmava Zetkin, o impacto da "racionalização" capitalista – a crescente mecanização e o deslocamento de produtores e comerciantes em pequena escala – que estava deixando em crise todas as camadas sociais subalternas. Ela apontou a ausência de reivindicações em benefício das mulheres, na medida em que a importância das mulheres na luta de classes era reconhecida apenas por aquelas que eram trabalhadoras ou camponesas. Uma versão alemã do artigo de Clara Zetkin circulou internacionalmente para ativistas da Comintern[40].

O VI Congresso da Comintern, que aconteceu entre julho e agosto de 1928, foi o primeiro em que Zetkin esteve presente sem que tenha falado. Em seus corredores, os apoiadores de Stalin faziam campanha contra Bukharin e seus apoiadores internacionais, incluindo Clara Zetkin.

O conflito no KPD culminou com uma histórica sessão do Comitê Executivo da Internacional Comunista, em 19 de dezembro de 1928, no qual Zetkin foi confrontada por Stalin diretamente. As forças de Stalin reivindicaram a expulsão da "ala direita" do KPD; Zetkin reivindicou por um adiamento de qualquer medida disciplinar até que o KPD realizasse uma discussão democrática e um congresso. Durante tal sessão, Béla Kun, um dos arquitetos do desastre da ultraesquerdista "ação de março" na Alemanha em 1921, acusou Zetkin de "direitismo" por opor-se à sua linha na época. Em resposta, ela colocou que ela tinha se unido a Lenin

[40] O artigo de 3.500 palavras de Zetkin foi publicado em *Internationale Presse--Korrespondenz*, vol. 8, no.64, 1172-73 e n. 65, 1189-90.

para mover o congresso mundial contra as visões ultraesquerdistas de Kun. Decidiu-se pela expulsão da "direita" do KPD, contra os votos de Clara Zetkin, Jules Jumbert-Droz e Angelo Tasca. Seis mil dissidentes foram postos para a fora do partido alemão[41].

A ruptura aberta entre Stalin e Bukharin seguiu-se por vários meses. A fração de Bukharin foi esmagada; Bukharin e outros dirigentes "oposicionistas de direita" capitularam, admitindo seus supostos erros. Apoiadores expulsos de Bukharin na Alemanha organizaram um novo movimento, o qual tomou o nome de Partido Comunista da Alemanha (Oposição), ou KPD (O).

Secretamente, Zetkin escreveu de forma amarga sobre a transformação da Comintern em um mecanismo que "chupinha diretivas em língua russa em um lado, e as cospe, traduzidas em várias línguas, em outros"[42]. Ainda assim, ela permanecia acreditando que os comunistas precisavam trabalhar para reformar a Internacional, da mesma maneira como faziam seus amigos do KPD (O) e também o recém-exilado Leon Trotsky e seus camaradas da Oposição de Esquerda Internacional. Para Zetkin, a lealdade a essa perspectiva e à União Soviética exigiam que ela permanecesse na Internacional, mesmo que o custo fosse o silêncio em torno de muitos temas cruciais. Stalin, por sua parte, embora ameaçado pelo contínuo desafio de Clara Zetkin, evidentemente calculou os riscos advindos de sua permanência como membra da Internacional menores do que aqueles que surgiriam caso ela fosse expulsa.

Entre outubro de 1929 e março de 1930, Zetkin elaborou um memorando abrangente sobre a crise do KPD dirigido ao Co-

---

[41] Puschnerat, 364-66. Todo o registro desta reunião do Comitê Executivo da Internacional Comunista pode ser encontrado em Tânia Ünlüdag, "Die Tragödie einer Kämpferin für die Arbeiterbewegung", *IWK 33* (1997), 337-47. Sobre a controvérsia envolvendo Kun e Zetkin em 1921, conferir *To the Masses: Proceedings of the Third Congress of the Communist International.*

[42] Puschnerat, 370.

mitê Executivo da Internacional Comunista[43]. Avaliando a linha política errônea do partido alemão, ela diagnosticou-a como um sintoma de uma crise mais geral da Comintern como um todo. Assim como no pleno do Comitê Executivo da Internacional Comunista de dezembro de 1928, ela comparou a posição ultraesquerdista do partido com a conhecida "teoria da ofensiva" que alguns dirigentes centrais do comitê tinham adotado durante breve período em 1921[44]. Romper com aquele erro foi uma grande conquista do III Congresso da Comintern (1921). Alcançada graças aos esforços da própria Zetkin, assim como Lenin e Trotsky, essa vitória abriu as portas para a política de frente única adotada pela Comintern mais adiante naquele mesmo ano.

O memorando de Clara Zetkin condenou o papel destrutivo do partido soviético, o qual, disse, não mais "dirige", mas meramente "ordena" à Internacional. E pela primeira e única vez, ela desafiou as políticas sob a direção de Stalin dentro da União Soviética, através de exigências por um "material documental extensivo" sobre o desenvolvimento do partido e do Estado soviético. Os partidos membros da Comintern, disse, têm o "dever e direito de consulta sobre os problemas da União Soviética em solidariedade fraterna com o partido russo".

Expressões de dissenso

Clara Zetkin queixou-se a seu filho Maxim sobre a severa censura e frequente supressão de seus escritos. Até mesmo seu nome

[43] Ibid., 370-72, 377, 380.

[44] A "teoria da ofensiva" foi defendida pela direção majoritária do KPD após a aventureira "ação de março" de 1921 para explicar as políticas que levaram à ação e defender sua continuidade. A teoria convocava os comunistas para radicalizar suas palavras de ordem e iniciar ações de minorias que pudessem arrastar os trabalhadores hesitantes à ação.

não podia mais ser mencionado, disse ela. Ainda assim, de uma forma ou de outra, suas ideias conseguiam chegar a um público mais amplo.

Em 1929, após muitos adiamentos, seu texto *Reminiscences of Lenin* foi publicado na Alemanha. Esse panfleto continha uma descrição detalhada de sua colaboração com Lenin no III Congresso sobre os temas fundamentais da política de frente única[45].

Clara Zetkin recebeu visitas de líderes do KPD(O), como Paul Frölich, com quem concordava acerca da frente única, unidade sindical, a necessidade de democracia interna no partido assim como a necessidade de reformar a Comintern. O KPD(O) publicou quatro declarações oposicionistas confidenciais de Zetkin, sem que isso gerasse qualquer protesto por parte dela[46]. Ela se correspondia com antigos amigos agora hostis ao KPD, como George Ledebour. Escreveu um obituário para Margarete Wengels, uma camarada das lutas revolucionárias do período de guerra que mais tarde retornou ao SPD, o qual foi publicado em um jornal operário não vinculado ao KPD[47].

Enquanto celebrava as conquistas da União Soviética, Zetkin não tomava parte na costumeira bajulação do ditador soviético[48]. Ela expressou seu menosprezo pelo chefe de Estado da URSS em um bilhete particular dirigido a Bukharin em Moscou, alertando-o a não se deixar dominar por Stalin, a quem se referiu, uti-

---

45 As memórias de Zetkin sobre suas discussões com Lenin no III Congresso estão inclusas em *To the Masses*, 1137-48. O texto completo de *Reminiscences of Lenin,* de autoria de Zetkin, pode ser encontrado no site do Arquivo Marxista na Internet.

46 Puschnerat, 381.

47 Ibid, 378

48 Foi notada uma exceção. Em 1932, Zetkin concordou com a inserção, por parte de seu editor, em uma mensagem de saudação escrita por ela, de uma referência a Stalin como um "extraordinário e brilhante líder". Conferir Puschnerat, 384.

lizando a linguagem sexista da época, como uma "uma mulher mentalmente desequilibrada vestindo calças masculinas"[49].

Em 1929, a imprensa russa emigrada e a do SPD publicaram rumores sobre uma suposta perseguição a Clara Zetkin pelas autoridades comunistas de Moscou. O órgão central do KPD, *Die Rote Fahne*, por duas vezes rompeu seu silêncio em torno de Zetkin, publicando sua negação sobre essas notícias. Sua segunda declaração terminava de uma forma certamente constrangedora para seus editores: "Como é de conhecimento geral, minha perspectiva tanto sobre as táticas quanto sobre as posições fundamentais estão opostas à opinião da maioria do Comitê Executivo da Internacional Comunista"[50].

Embora consciente da degeneração da Comintern, Clara manobrava cuidadosa e habilidosamente para manter sua condição de dissidente tolerada. Em seu memorando de 1929-1930, ela assegurava: "eu quebro a disciplina do partido três, quatro vezes, se servir aos interesses da revolução". Mas em 1931 quando Stalin atacou a memória de Rosa Luxemburgo, por exemplo, os protestos de Clara Zetkin a esse insulto à sua velha amiga e camarada circularam apenas em cartas privadas[51].

"Minha maior aflição", disse ela a um amigo à época, "é responder à questão: Onde está a verdade? Quais são minhas responsabilidades com a revolução proletária? Devo falar ou permanecer em silêncio?". Ela pagou o preço por manter-se filiada ao Partido Comunista, isto é, declarar apenas uma parte do que ela acreditava[52].

---

[49] Badia, 288-89, Puschnerat, 374.

[50] Puschnerat, 376.

[51] Clara Zetkin defendeu Luxemburgo no pleno do Comitê Executivo da Internacional Comunista de março de 1926, contra ataques similares feitos no partido alemão. Seu discurso foi publicado nos registros do pleno.

[52] Puschnerat, 377; Badia 282, 290.

Agarrando uma oportunidade

Clara Zetkin continuou a apresentar aspectos de sua análise de 1923 sobre o fascismo publicamente quando possível – por exemplo, em críticas à política do KPD enviadas, em março de 1932, ao dirigente do partido Wilhelm Pieck, e em saudações a uma conferência antifascista publicadas em junho[53]. Em uma saudação à campanha por liberdade sobre a decisão do aborto, feita pelo KPD em 1931, ela faz um apelo público pela unidade com mulheres do SPD[54].

Em agosto de 1932, Clara agarrou uma chance de falar publicamente para uma audiência nacional sobre a necessidade de unidade de ação contra o fascismo. Para tal, ela teve de manter algumas coisas não ditas, como a necessidade de aproximar-se do SPD para desenvolver uma luta unificada contra o fascismo. Passagens de seu texto destacando a centralidade da tarefa encarada pelo partido em incitar as massas foram apagadas de sua versão final. Apesar disso, confiante de que poderia expressar a essência de seu pensamento, ela abraçou a oportunidade com entusiasmo.

As circunstâncias do discurso eram dramáticas. A recessão mundial que irrompeu em 1929 tinha atingido fortemente a Alemanha. Com seus partidos operários consumidos por lutas fratricidas, o Partido Nacional-Socialista (NSDAP) de Hitler – eclipsados desde 1923 – cresceu rapidamente para se tornar o maior partido da Alemanha. A votação nazista cresceu de 2,6% (1928) para 18,3% (1930) e 37,4% (1932). Na votação de julho de 1932, Clara foi reeleita para o *Reichstag*, do qual foi membro desde 1920. Aos 74 anos, era a mais velha participante do parlamen-

[53] Badia 300-301.
[54] Ibid., 264.

to alemão e, como tal, possuía o direito de abrir formalmente sua primeira sessão.

A imprensa nazista espumou em ameaças odiosas contra ela como uma "comunista judia", uma "vadia" (Goebbels) e uma "traidora". O KPD recebeu uma ameaça nazista de agredi-la no solo do *Reichstag*. Mas, quando o Comitê Central do partido perguntou-lhe se ela poderia abrir a sessão do *Reichstag*, ela respondeu com sua irreverência característica: "Estarei lá, viva ou morta". Levada secretamente a Berlim, ela dirigiu-se até uma casa segura. Seu biógrafo Gilbert Badia descreve o drama que se sucedeu no *Reichstag* da seguinte forma:

"Clara Zetkin estava muito debilitada, sujeita a desmaios e quase cega. Em 30 de agosto, diante de um *Reichstag* lotado de deputados nazistas em uniformes da SA e SS, dois deputados comunistas auxiliaram àquela senhora de idade a subir à tribuna. A princípio, ela falou com uma voz que mal se podia ouvir, mas que, pouco a pouco, ganhou força e intensificou-se de forma apaixonada"[55].

A última parte de seu discurso reafirmou a essência de sua opinião, há muito suprimida, sobre a urgência de que fosse forjada a unidade contra o fascismo.

O discurso de Zetkin ao Reichstag sobre o fascismo, 1932 (trechos)

Nossa tarefa mais urgente hoje é formar uma frente única de todo povo trabalhador com o objetivo de barrar o fascismo. Todas as diferenças que nos dividem e reprimem – sejam de base política, sindical, religiosa ou de visão ideológica – devem ceder diante desta necessidade histórica imperiosa.

---

[55] Ibid., 302-3.

Todos aqueles que estão sob ameaça, que sofrem, que anseiam por liberdade devem unir-se para esta frente única contra o fascismo e seus representantes no governo. O povo trabalhador precisa afirmar-se contra o fascismo. Essa é a precondição urgente e indispensável para uma frente única contra a crise econômica, a guerra imperialista, e o modo de produção capitalista.

A revolta de milhões de mulheres e homens operários na Alemanha contra a fome, a pobreza, os assassinatos fascistas e a guerra imperialista expressam o inexorável destino dos produtores de todo mundo. Esse destino, compartilhado por nós ao redor do mundo, deve encontrar expressão em uma comunidade de luta, dura como o aço, entre todo o povo trabalhador em cada esfera dominada pelo capitalismo. Ela deve também uni-lo à sua vanguarda, os irmãos e irmãs libertos na União Soviética. Greves e levantes em vários países estrangeiros são chamas mostrando àqueles que lutam na Alemanha que não estão sozinhos. Por todos os lados os enfraquecidos e derrotados estão começando a avançar em direção à tomada do poder.

Milhões de mulheres na Alemanha ainda estão submetidas às correntes da escravidão sexual e por tanto à mais opressiva forma de escravidão de classe. Elas não podem estar ausentes da frente única do povo trabalhador que está ganhando forma no país.

A juventude que quer florescer e amadurecer deve lutar na linha de frente. Hoje ela se depara unicamente com a perspectiva de uma mórbida obediência militar e exploração nas fileiras do trabalho manual obrigatório.

Todos que são produtores através do trabalho intelectual, cujas habilidades e vontades aumentam o bem-estar social e a cultura mas não conseguem se expressar na ordem burguesa existente – estes também pertencem à frente única.

A frente única deve abarcar a todos aqueles que vivem do seu trabalho ou que, de outra forma, devem pagar tributos ao capitalismo, pois são eles que sustentam o capitalismo, ao mesmo tempo em que são suas vítimas.

Estou abrindo esta sessão do *Reichstag* cumprindo meu dever como presidenta honoraria e na esperança de que, apesar de minha presente enfermidade, eu possa ainda ter a sorte de abrir, como presidenta de honra, o primeiro congresso dos conselhos operários de uma Alemanha Soviética[56].

---

[56] Traduzido a partir de www.marxists.org/deutsch/archiv/zetkin/1932/08/alterspraes.html. Para o texto completo do discurso de Zetkin no *Reichstag*, conferir: Mike Jones e Ben Lewis, ed., *Clara Zetkin: Letters and Writings* (Londres: Merlin Press, 2015), 169-73, ou Philhp S. Forner, ed., *Clara Zetkin: Selected Writings* (Chicago: Haymarket Books, 2015), 170-75.

Glossário

BALDESI, Gino (1879 - 1934): secretário assistente da federação sindical italiana CGL [Confederazione Generale del Lavoro] em 1918; um dos líderes da ala reformista do Partido Socialista (PSI) e dos sindicatos entre 1920 e 1921; deixou o PSI com as forças reformistas em outubro de 1922, tornando-se membro do Partido Socialista Unitário (PSU); buscou, em vão, acordos entre os sindicatos da CGL e os fascistas; afastou-se de atividades políticas em 1927.

BARBUSSE, Henri (1873 - 1935): romancista francês; escreveu sobre as experiências no exército francês durante a Primeira Guerra Mundial; ingressou o Partido Comunista em 1923; um dos líderes do Comitê de Ação Internacional surgido em março de 1923 em Frankfurt na conferência contra a guerra e o fascismo.

BAUER, Otto (1881 - 1938): dirigente e teórico da social-democracia austríaca; secretário de sua fração parlamentar entre 1907 e 1914; prisioneiro de guerra na Rússia entre 1914 e 1917; ministro de relações exteriores austríaco entre 1918 e 1919; opositor da Revolução de Outubro e da Comintern; dirigente da Internacional Dois e Meio entre 1921 e 1923; membro do Birô e Executivo da Internacional Socialista e Operária a partir de 1923; forçado ao exílio em 1934.

BRANDLER, Heinrich (1881 - 1967) - ingressou no SPD em 1902; figura central no movimento operário de Chemnitz a partir de 1914; um dos primeiros membros da Liga Spartacus; um dos fundadores do Partido Comunista da Alemanha; dirigente central do PC condenado entre 1921 e 1923; feito de bode expiatório para a derrota dos trabalhadores alemães em 1923; expulso como "direitista" em 1929; dirigiu o Partido Comunista (Oposição) [KPD(O)] entre 1929 e 1933; exilado entre 1933 e 1949; ativo na Política Operária [*Arbeiterpolitik*], grupo sucessor do KPD(O), a partir de 1949.

BUKHARIN, Nikolai (1888 - 1938): juntou-se aos Bolcheviques russos em 1906; exilado entre 1911 e 1917; membro do Comitê Central Bolchevique entre 1917 e 1930; um dos líderes centrais no interior da Comintern a partir de 1919; presidente da Comintern entre 1926 e 1929; opôs-se à coletivização forçada de Stalin e dirigiu a Oposição de direita no Partido Comunista da União Soviética em 1928; privado de postos dirigentes em 1929; capitulou a Stalin e renunciou às suas convicções; executado por Stalin após um julgamento fantoche em 1938.

D'ARAGONA, Ludovico (1876 - 1961): ingressou no PSI em 1892; um dos fundadores do Sindicato dos Metalúrgicos da Itália; secretário-geral da federação sindical CGL entre 1918 e 1925; deputado do Partido Socialista entre 1919 e 1924; opôs-se à fundação do Partido Comunista em 1921 e manteve-se do Partido Socialista; ingressou no Partido Socialista Unitário (PSU), reformista, em 1922; ministro de governo entre 1946 e 1951.

EBERT, Friedrich (1871 - 1925): ingressou no SPD em 1889; membro do Comitê Executivo do partido entre 1905 e 1919; sucessor de Bebel como co-presidente do partido em 1913; apoiou os esforços de guerra da Alemanha na Primeira Guerra Mundial; como líder do governo provisório que emergiu da revolução de 1918, juntou-se aos monarquistas para derrotar as insurreições operárias entre 1919 e 1920; presidente da Alemanha entre 1919 e 1925.

FISCHER, Ruth (1895 - 1961): cofundadora do Partido Comunista austríaco em 1918; mudou-se para Berlim em 1919; dirigente da oposição de esquerda no Partido Comunista da Alemanha; conquistou a liderança central do partido em 1924; a intervenção do Comitê Executivo da Internacional Comunista levou à sua remoção da direção do Partido Comunista da Alemanha em 1925; apoiou a Oposição Unificada dirigida por Trotsky e Zinoviev no PC soviético em 1926; expulsa do PC alemão em 1926; co-fundadora da *Leninbund* em 1928; colaborou com Trotsky entre 1933 e 1936; exilada na França e Estados Unidos a partir de 1933.

FRÖLICH, Paul (1884 - 1953): ingressou no SPD em 1902; trabalhou como jornalista dos jornais do partido em Leipzig, Hamburg e Bremen; um dos apoiadores da Esquerda de Zimmerwald durante a Primeira Guerra Mundial; dirigiu os Comunistas Internacionalistas da Alemanha (IKD), que se tornaram parte do Partido Comunista no congresso de fundação de 1918; participou da República Soviética da Bavária em 1919; membro do Comitê Central entre 1919 e 1923; expulso do Partido Comunista em 1928, ingressou no Partido Comunista (Oposição) e posteriormente no Partido Socialista dos Trabalhadores (SAP).

GIOLITTI, Giovanni (1842 - 1928): cinco vezes primeiro-ministro italiano entre 1892 e 1921; tolerou ataques violentos dos bandos fascistas em 1921 e inicialmente deu apoio ao regime fascista entre 1922 e 1924.

GROENER, Wilhelm (1867 - 1939): general alemão durante a Primeira Guerra Mundial; auxiliou na repressão a trabalhadores revolucionários durante a revolução de 1918 e 1919; ministro dos transportes entre 1920 e 1923, da defesa entre 1928 e 1932 e do interior entre 1931 e 1932.

HITLER, Adolf (1889 - 1945): tornou-se líder do Partido Nacional-Socialista dos Trabalhadores Alemães (NSDAP) em 1921; tornou-se chanceler em janeiro de 1933; ditador alemão até a sua morte.

HORTHY, Miklós (1868 - 1957): comandante naval austro-húngaro durante a Primeira Guerra Mundial; líder das forças contrarrevolucionárias que esmagaram a república soviética húngara de 1919 e executou o terror branco; regente e ditador da Hungria entre 1920 e 1944.

HUMBERT-DROZ, Jules (1891 - 1971): ingressou no SDP Suíço em 1911; internacionalista durante a Primeira Guerra Mundial; membro fundador do Partido Comunista em 1921; eleito para o Comitê Executivo da Comintern em 1921; alinhou-se a Bukharin ao fim da década de 1920; removido dos postos da Comintern em 1928; desaprovou a direção de Stalin até 1935; dirigente do Partido Comunista suíço entre 1935 e 1941; expulso em 1943; ingressou no SDP e tornou-se seu secretário de 1947 a 1958; líder do dissidente SP a partir de 1959; em seus últimos anos, apoiador das lutas pela liberdade da Argélia e ativista anti-guerra;

INTERNACIONAL DOIS E MEIO: termo utilizado pelos comunistas para designar a União de Partidos Socialistas para a Ação Internacional, ou Internacional de Viena, uma união de partidos social-democratas centristas formada em fevereiro de 1921; fundiu com a Segunda Internacional para tornar-se a Internacional Operária e Socialista em 1923.

KAMENEV, Lev (1883 - 1936): ingressou no Partido Social-Democrata russo em 1901; tornou-se Bolchevique em 1903; preso e exilado para a Sibéria entre 1914 e 1917; em Petrogrado em 1917; eleito ao Comitê Central em 1917; eleito presidente do Soviete de Moscou em 1918; membro do Birô Político do Partido

Comunista da União Soviética; aliado de Stalin e Zinoviev contra Trotsky entre 1923 e 1925; membro da Oposição Unificada com Trotsky em 1926 e 1927; expulso em 1927; retratou-se e foi reintegrado em 1928; expulso novamente em 1932; condenado à morte e executado após o primeiro Processo de Moscou.

LEDEBOUR, Georg (1850 - 1947): ingressou o SPD em 1891; membro do *Reichstag* entre 1900 e 1918; na ala esquerda do SPD antes de 1914; opositor do social-chauvinismo durante a Primeira Guerra Mundial; co-presidente do USPD entre 1917 e 1919; opô-se à filiação à Comintern em 1920 e pemaneceu na retaguarda do USPD; recusou-se a reingressar no SPD na fusão de 1922; Dirigiu a Liga Socialista ao longo dos anos 1920, membro do Partido Socialista dos Trabalhadores (SAP) em 1931; fugiu para a Suíça em 1933; continuou com as atividades anti-nazi e socialista até a sua morte.

LIEBKNECHT, Karl (1871 - 1919): ingressou no SPD em 1900; primeiro presidente da Internacional da Juventude Socialista entre 1907 e 1910; primeiro membro do *Reichstag* alemão a votar contra os créditos de guerra em dezembro de 1914; fundador da corrente Spartacus; preso por realizar propaganda anti-guerra em 1916; libertado durante a revolução de 1918; dirigente fundador do Partido Comunista da Alemanha em dezembro de 1918; assinado por oficiais dirieitistas durante a insurreição operária de Berlim em janeiro de 1919.

LUXEMBURGO, Rosa (1871 - 1919): nascida na Polônia; fundadora da social-democracia polonesa SDKPiL em 1893; posteriormente viveu na Alemanha; dirigiu a ala esquerda do SPD em oposição à ala direita revisionista e, após 1910, contra o "Centro Marxista" dirigido por Kautsky; dirigente da corrente Spartacus durante a Primeira Guerra Mundial; presa entre 1916 e 1918; dirigente e fundadora do Partido Comunista da Alemanha em dezembro de 1918; presa e assassinada em janeiro de 1919 durante a insurreição operária de Berlim.

MUSSOLINI, Benito (1883 -1945): antigo líder da ala esquerda do Partido Socialista Italiano e editor do *Avanti!*; adotou uma posição chauvinista, belicista e foi expulso do PSI em 1915; fundou o movimento fascista em 1919; ditador da Itália entre 1922 e 1943; executado pelas forças da resistência.

PSI (Partido Socialista Italiano): fundado em 1892; participou do movimento de Zimmerwald durante a Primeira Guerra Mundial; filiou-se à Comintern em 1919; recusou-se a expulsar a ala de direita reformista; a ala de esquerda rompeu no Congresso de Livorno em janeiro de 1921 para formar o Partido Comunista; 200 mil membros antes do congresso de Livorno, caindo para 112 mil em outubro de 1921 e 65 mil um ano depois; expulsou Turati e a ala direita em 1922; 32 mil membros em outubro de 1922; a minoria pró-Comintern juntou-se ao Partido Comunista em 1924.

RADEK, Karl (1885 – 1939): juntou-se ao movimento revolucionário na Polônia austríaca antes de 1905; um dos dirigentes da ala esquerda do movimento de trabalhadores poloneses e alemães; colaborador de Lenin e apoiador da esquerda de Zimmerwald durante a Primeira Guerra Mundial; ingressou nos Bolcheviques em 1917; membro do Comitê Central Bolchevique entre 1917 e 1924; emissário bolchevique e soviético na Alemanha entre 1918 e 1919; membro do Comitê Executivo da Internacional Comunista e de seu Presdium entre 1921 e 1924; com Trotsky, dirigente da Oposição de Esquerda no Partido Comunista da União Soviética e na Comintern a partir de 1923; expulso e exilado em 1927; capitulou a Stalin em 1929; proeminente jornalista soviético entre 1930 e 1936; preso em 1936; condenado no Processo de Moscou de 1937; morto por um agente policial na prisão.

SEGUNDA INTERNACIONAL: fundada em 1889 como uma associação internacional de partidos operários; ruiu com a eclosão da Primeira Guerra Mundial; a ala direita pró-capitalista reconstituiu-se como Internacional de Berna em 1919; fundiu com a Internacional Dois e Meio em 1923 e tornou-se a Internacional Operária e Socialista.

STALIN, Joseph (1879 - 1953): ingressou no Partido Operário Social-Democrata Russo (POSDR) em 1898; bolchevique a partir de 1903; membro do Comitê Central em 1912; comissário do povo para as nacionalidades após a Revolução de Outubro; tornou-se secretário-geral do Partido Comunista da União Soviética em 1922; presidiu a degeneração do Partido Comunista e da Comintern; organizou expurgos ao longo dos anos 1930 que liquidaram a maior parte dos quadros dirigentes bolcheviques.

STINNES, Hugo (1870 - 1924): industrial alemão; construíu um vasto império econômico após a Primeira Guerra Mundial a partir da indústria de carvão e aço, expandindo para mídia, utilidades públicas, bancos e outras áreas; durante a revolução de 1918, negociou concessões a sindicatos; posteriormente fez campanhas contra a jornada diária de oito horas e contra nacionalizações; tinha laços com a extrema direita; se opôs ao Tratado de Versalhes.

TASCA, Angelo (1892 - 1960): ingressou na juventude do Partido Socialista Italiano em 1909; um dos fundadores do Partido Comunista em 1921; apoiou a unidade de ação com o Partido Socialista; membro do Comitê Executivo da Internacional Comunista em 1924; preso pelos fascistas em 1923 e 1926; emigrou para a França em 1927; expulso do Partido Comunista por posições anti-estalinistas em 1929; reingressou no PSI em 1935; após 1945, escreveu obras sobre história política.

THALHEIMER, August (1884 - 1948): ingressou no SPD em 1904; membro do grupo Spartacus durante a Primeira Guerra Mundial; cumpriu um papel proeminente em 1918 na revolução de Stuttgart; membro do Comitê Central do Partido Comunista da Alemanha entre 1919 e 1924; responsabilizado, junto com Brandler, pela derrota dos operários em outubro de 1923; ensinou filosofia em Moscou entre 1924 e 1928; opôs-se ao curso ultraesquerdista de Stalin em 1928; expulso como "direitista" em 1929; cofundador, com Brandler, do KPD(O); emigrou em 1933; os poderes Aliados recusaram seu retorno à Alemanha após 1945; morreu em Cuba.

TRATADO DE VERSALHES: tratado de paz assinado em 28 de junho de 1919 entre as potências aliadas e a Alemanha. Entre suas cláusulas, o Tratado transferia dez por cento do território alemão para a França, Bélgica, Dinamarca e Polônia, além de estabelecer que a Alemanha pagaria U$ 33 bilhões (U$ 461 bilhões de dólares em 2016) em reparações às potências da Entente. Também restringia militarmente a Alemanha além de estabelecer a ocupação de seu território a oeste do Reno por exércitos da Entente durante quinze anos, a partir de 1920.

TROTSKY, Leon (1879 - 1940): nascido na Ucrânia; ingressou o movimento socialista em 1897; apoiou os mencheviques no congresso de 1903 do POSDR; internacionalista e apoiador do movimento de Zimmerwald durante a Primeira Guerra Mundial; ingressou nos Bolcheviques e foi eleito para seu Comitê Central em 1917; comissário do povo para assuntos estrangeiros entre 1917 e 1918, e para a guerra entre 1918 e 1925; dirigente da Oposição de Esquerda no Partido Comunista da União Soviética e na Comintern a partir de 1923; expulso em 1927; exilado no estrangeiro em 1929; clamou por uma nova Internacional em 1933; alvo principal dos julgamentos fantoche de Stalin entre 1936 e 1938; dirigente fundador da IV Internacional em 1938; assinado por um agente de Stalin.

TURATI, Filippo (1857 - 1932): membro fundador do Partido Socialista Italiano em 1892; dirigente de sua ala reformista; deputado entre 1896 e 1926; opôs-se à entrada da Itália na Primeira Guerra Mundial mas apoiou a defesa nacional na medida em que a guerra prolongava-se; opositor da Revolução de Outubro e da Comintern; expulso do PSI em 1922, formando o reformista PSU; emigrou para a França em 1926.

USPD (Partido Social-Democrata Independente da Alemanha): fundado em 1917 por críticos de esquerda à maioria da direção do SPD; 800 mil membros ao final de 1920; a maioria fundiu com o Partido Comunista em dezembro de 1920; a minoria manteve o nome até o momento da fusão com o SPD em novembro de 1922; 210 mil membros no momento da fusão.

WENGEL, Margareth (1856 - 1931): ingressou no SPD durante a década de 1870; ativa na clandestinidade em Berlim durante as Leis Anti-Socialistas; dirigente do movimento socialista de mulheres na Alemanha, colaboradora próxima de Clara; dirigente do USPD após 1917, permaneceu naquele partido centrista após a fundação do KPD; dirigente do SPD a partir de 1922.

ZETKIN, Clara (1857 - 1933): juntou-se ao movimento socialista em 1878; forçada ao exílio pelas Leis Anti-Socialistas de Bismarck entre 1882 e 1990; cofundadora da Segunda Internacional em 1889; quadro dirigente de sua ala marxista; militante pela emancipação feminina; editora do jornal do SPD dirigido às mulheres, *Die Glechheit*, entre 1891 e 1917; parceira próxima de Rosa Luxemburgo na ala esquerda do SPD; organizou a conferência internacionalista de mulheres socialistas em 1915; ingressou no Partido Comunista da Alemanha em 1919; opôs-se ao ultra esquerdismo no KPD durante a Ação de Março de 1921 e daí em diante; quadro do Comitê Executivo da Internacional Comunista a partir de 1922; encabeçou o Movimento de Mulheres Comunistas entre 1921 e 1926; opôs-se à campanha de "bolchevização" em 1924 e 1925, e o giro ultraesquerdista de Stalin a partir de 1928; permaneceu como uma figura importante no KPD e na Comintern, sem retratar de suas posições, até sua morte em Moscou.

ZINOVIEV, Gregory (1883 - 1936): ingressou no Partido Operário Social-Democrata Russo em 1901; bolchevique; eleito ao Comitê Central em 1907; internacionalista e colaborador de Lenin durante a Primeira Guerra Mundial; presidente do soviete de Petrogrado entre 1917 e 1926; presidente da Comintern entre 1919 e 1926; quando da morte de Lenin, colaborou com Stalin para isolar Trotsky da direção central entre 1923 e 1924; rompeu com Stalin em 1925; com Trotsky, dirigiu a Oposição Unificada contra a degeneração burocrática entre 1926 e 1927; expulso em 1927; retratou-se e foi readmitido em 1928; expulso novamente em 1932 e 1934; condenado e executado a tiros em Moscou por um julgamento fantoche.

Obras Citadas

BADIA, Gilbert. *Clara Zetkin, féministe sans frontières.* Paris: Éditions Ouvrières. 1993

CARLUCCI, Alessandro; BALESTRERI, *Caterina. I primi mesi di Gramsci in Russia.* Florença: Belfagor. ano LXVI, n.396, 30/11/2011, p.647.

COMINTERN. *Protokoll Fünfter Kongress der Kommunistischen Internationale.* Hamburg: Carl Hoym Nachf., 1924

______. *VII Congress of the Communist International: Abridged Stenographic Report of Proceedings.* Moscow: Foreign Languages Publishing House, 1939.

FORNER, Philip S., ed. *Clara Zetkin: Selected Writings.* Chicago: Haymarket Books, 2015

HOEVELER, Rejane C. *A revolução* bolchevique no olhar de Clara Zetkin. São Paulo: Margem Esquerda, v.28, 2017

JONES, Mike and LEWIS, Ben. *Clara Zetkin: Letters and Writings.* London: Merlin Press, 2015

MARXISTS INTERNET ARCHIVE: www.marxists.org/archive/zetkin/index.htm.

PUSCHNERAT, Tânia. *Clara Zetkin: Bürgerlichkeit und Marxismus.* Essen: Klartext Verlag, 2003

RIDDELL, John, ed. *Founding the Communist International: Proceedings and Documents of the First Congress, March 1919.* New York: Pathfinder Press, 1987.

______. *The German Revolution and the Debate on Soviet Power.* New York: Pathfinder Press, 1986

______. *Lenin's Struggle for a Revolutionary International 1907-1916*. New York: Pathfinder Press, 1984

______. *To See the Dawn: Baku, 1920 – First Congress of the Peoples of the East*. New York: Pathfinder Press, 1993

______. *To the Masses: Proceedings of the Third Congress of the Communist International, 1921* Historical Materialism Book Series, Chicago: Haymarket Books, 2016

______. *Toward the United Front: Proceedings of the Fourth Congress of the Communist International, 1922*. Historical Materialism Book Series, Chicago: Haymarket Books, 2012

______. *Workers of the World and Oppressed Peoples, Unite! Proceedings and Documents of the Second Congress, 1920*, 2 volumes. New York: Pathfinder Press, 1991

TABER, Mike, ed. *The Communist Movement at a Crossroads: Plenums of the Communist International Executive Committee, 1922 – 1923*. Historical Materialism Book Series, Leiden: Brill, 2017.

THOMAS, Peter D. *"A virada de Moscou": o diálogo entre Gramsci e os bolcheviques (1922-1923)*. São Paulo: Revista Outubro, n.30. São Paulo, 2018.

TROTSKY, Leon. *The Struggle Against Fascism in Germany*. New York: Pathfinder Press, 1971

______. *The Third International After Lenin*. New York: Pathfinder Press, 1996

Nota dos editores

Originalmente traduzido por Eli Moraes, revisado por Paulo César Carvalho e revisão técnica de Guilherme Ziggy, em uma iniciativa da *Resistência* – tendência interna do Partido Socialismo e Liberdade (PSOL) – o presente livro é fruto de ação conjunta da Editora Usina e Autonomia Literária. Sua edição e publicação foi possível graças ao apoio do *Center for Economic Research and Social Change* (CERSC) e à editora Heymarket Books, de Chicago, em especial de Camila Valle, Todd Chretien e Anthony Arnove.

Agradecemos também a Sara Ajlyakin, Bernardo Boris Vargaftig, Ivana Jinkins, Valério Arcary, Marcia Camargos, Helena Duarte Marques, Sabrina Fernandes, Cauê Seignemartin Ameni, Lucas Ribeiro Scaldaferri, Andréia Galvão, Caio Dias, Glória Trogo, Hugo Albuquerque e Manuela Beloni.

Fontes
Adobe Garamond Pro & Source Sans Pro